孩子永遠是對的

幫助父母掙脫臍帶勒索，找出孩子的正向價值

李儀婷——著

【推薦序】

讓生命力自由綻放

薩提爾模式－資深婚姻家庭治療師與教學導師　成蒂

做父母，大概是這個世界上最為艱鉅困難的工作了。

許多人往往在成為父母後，不經思索直接沿襲原生家庭所習得的價值觀、溝通方式、生活習慣和管教模式來教養孩子。這就像當年我們的父母一樣，一代一代自然而然的傳承下來。

大多數人則是在成為父母後才開始學習要如何當父母，然後跌跌撞撞、浮浮沉沉，不斷在迷霧中摸索前進，努力想要為自己和孩子找到最適合的出路和方向。

不論你是哪種父母，大概都能體會自己常常淹沒在各種矛盾抽象的教育理念中，不知該如何進退取捨。不知不覺，孩子也就這樣長大了。

家族治療大師薩提爾相信：「每個父母都在他所知所能的範圍中，盡力做到最好的了。」因此即使我們可能不完美，可能會犯錯，可能做不到學者專家所建議的好方法，但至少我們都會盡力去做，這樣就值得接納自己，並欣賞自己了。因為身為父母者，如果能常常看見自己生命本質的價值，接觸內在脆弱的感受，接受人性中的不完美，我們才會更有力量，穩固的成為子女的安全堡壘，陪伴他們走過生命中的千山萬水，讓他們發現自己存在的美麗。這是父母所能給予子女最有價值的珍寶，即讓孩子們在父母的愛中看見自己、接納自己，並成為完整的自己。

非常欣喜的看見本書《孩子永遠是對的》作者李儀婷所分享的每篇故事。她用自己的生命貼近孩子的心，在陪伴每個孩子成長的旅程中，讓他們都能真實的做自己，也因而父母與孩子一起成長、共同學習。

我最欣賞儀婷的是她願意等待，等待每個孩子特有的步調，等待孩子充分體驗和走過內心複雜的情感變化，也等待適合彼此分享的時刻到來。這需要為人父母者深深的相信，孩子的成長和教育急不來，也不會有速成班和特效藥，而是需要父母耐心持久的陪伴在他們身邊。

儀婷擁有特殊同理心的能力，能撥雲見日，聆聽孩子內心深處無法說出來的聲音。從孩子表面的行為反應，去接觸其底下未表達的深層渴望，溫暖的展開貼近孩子內在感受的對話模式，並且目標都朝向讓孩子經驗完整美好的自我。

她會從孩子外顯的、大人所認定的負向行為中，發掘他們獨特的特質與閃亮點，也相信孩子的行為都有重要的理由需要被聽見。因此，她與孩子們並肩站在一起，支持信任他們，共同面對失落和困境。如儀婷所說：「每個孩子都值得我們正向看待，並且溫柔的貼近，孩子將會回報我們無限的愛。」這是親子間多麼美好的經驗和畫面啊！

此外，我們可以看到儀婷在與孩子的相處中，真實一致的接觸自己的人性面，願意勇敢承認父母雖是大人，也會有情緒、不完美、有自己脆弱的情感。因此她更能接納孩子們也同樣擁有真實的自我，允許她們呈現脆弱，並全然尊重每個孩子獨特的存在。

由於儀婷在書中毫不保留的展現他們一家人的對話細節，和她自己的反思與內在聲音，這樣開放坦誠的勇氣著實令人敬佩！正因為如此，讀者們不論是身為父母者、教育者、助人者……，都可以很生動的看到她在與孩子、與先生、與老師、與其他家長和與自己的互動過程中，是如何覺察自己的內在經驗，如何當下或事後做出合適的選擇和決定，並看到每個行動之後對孩子和親子間產生的影響。我們也都可以從這些溫潤細緻的對話中學習，父母與子女之間，可以因為傾聽和引導所啟發的力量，在愛與規範中尋得雙方的平衡，並且因此深入的認識自己和認識我們心愛的寶貝。

在這樣充滿愛的流動中成長的孩子，我相信他們學會的是愛自己也愛他人，尊重自己也尊重他人。他們內在會有穩固踏實的力量來為自己的人生負責。父母們則在與孩子相互滋養的過程中，不知不覺也療癒了自己小時候的傷。這種親子間心與心的相遇、生命與生命的連結，使父母和子女的生命力都得以自由美麗的綻放！

【推薦序】

最重要的是對話，而不是要孩子聽話

作家、教育家 李崇建

李儀婷與我相差八歲，兄妹自是成長同一屋簷下，但是年齡差距之故，彼此受到年齡、權力、性別的不同，成長心靈各有差異。

我關愛我的家人，儀婷更是如此，但童年的我學不會彼此關愛。我們成長於單親家庭，我的個性孤僻難群，成績也一塌糊塗，甚難連結自己的生命價值。我從前對待弟妹常暴力、憤怒、疏離以對，手足之間雖心繫彼此，但是內心有深深的隔閡。

我和手足之間的情感，到三十五歲以後漸次和諧，過程並非一蹴而幾。我至今仍然記得，十幾年前的夜晚，我騎著機車載父親，欲搭夜車去機場，返家看見儀婷坐在客廳，突然想和她有深一點連結，未料儀婷很悲傷的表示，她沒辦法和我認真對話，她的記憶中我很霸道，她對我有很多恐懼。

這是過去的圖像，如今不是這樣面貌了。回首過去的歷程，再看如今兄妹的關係，家人彼此的對待，心中充滿無限感激。走到如今這一步，這份歷程的改變，我與儀婷都感謝父親。我們有一個平實的父親，他是傳統的家長，偶爾打罵孩子，但是我們更多的記憶是愛，孩子們都各自有記憶，深深感受他寬容的愛。父親的肩膀厚實，心胸寬大，承載了諸多責任，教幾個孩子如何體驗愛，也如何承擔世界，乃深深感覺家庭給予的資源，對於個人成長何等重要。

父親的愛與堅毅，儀婷也給了三個孩子。那是一份禮物，也是父母給孩子最好的禮物。

我三十三歲學習薩提爾模式，逐漸改變我的內在，也改變了我與家人的關係。這一段歷程持續十餘年，在我這些年的感覺中，即使我們已經成年了，一家人都和諧關愛，尤其近幾年來的關係，既寬鬆又貼近彼此。

我改變了應對姿態，儀婷也開始對成長、溝通模式好奇，很努力的閱讀與上課，也不斷的向我詢問。見面時她問我教養問題，也親自聆聽我演講，參加我的工作坊，並且逐漸走出自己的脈絡。她比我更了不起的是，她是帶三個孩子的媽媽，不像我的教養模式，多半是看他人孩子的經驗。親自當父母的滋味，與旁觀的教練，顯然有很大的不同。

儀婷有三個孩子，三三、川川與一一，都可愛極了，而且各有個性。我很愛這三個孩子，看著孩子們日漸長大，心中有滿滿的愛與感動。但我畢竟是舅舅，只是偶爾看見三個孩子，而儀婷是每天和孩子相處。擁有孩子的父母應清楚，三個孩子一鬧騰，心中會是如何的煩躁？會如何手忙腳亂？

我在這本書中看見儀婷的坦誠，坦誠自己的心靈煩躁，坦誠自己的應對姿態，進而覺察改變相處。我以為父母最難得的是坦誠，尤其是坦誠面對自己，而不陷入責備自己的漩渦，那是對自己接納與愛的方式。當父母教養孩子遇到了挫折、沮喪的時刻，父母如何應對自己，正是教導孩子的無形身教，而儀婷在本書示範了。

在這個「聽話模式」不適合的年代，教養中最重要的方法是對話，而不是要孩子聽話。如何創造溫暖回應的環境，就有機會教養出有愛、耐心、覺察力、樂觀與恆毅力的孩子。儀婷在親子之間的對話，也正如我在《對話的力量》書中提及，跟孩子如乒乓球互動的對話，就是最棒的教養了。

在對話中探索、核對，讓孩子學習覺知，讓孩子學習負責任，而不是說道理、命令與指責，需要不斷的練習，才能讓聽話系統中成長的我們，改變舊有的系統慣性。這一路走過來，絕非一件簡單的易事。我自剖與儀婷成長經歷，期望給所有父母打氣，能從儀婷的書中有收穫，也能如我們兄妹一樣走過……

【推薦序】

相信「孩子永遠是對的」

作家　許榮哲

從科學的角度，「孩子永遠是對的」這句話肯定是錯的，但從解決問題的角度來看，這句話太有效了。

有就有，沒有就沒有，相信有個屁用。

錯，相信不只有用，而且是有用的不得了。

六歲的三三曾問我：「世界上真的有聖誕老公公嗎？」

我說：「我相信有，但不一定有。」

三三問：「什麼意思？」

我說，當你相信有聖誕老公公的時候，你每一年都會收到聖誕禮物；但當你不再相信聖誕老公公時，就再也收不到聖誕禮物了。

三三愣了一下，然後說：「我懂了。」

我不知道她是否真的懂了，但她接著說：「我相信有聖誕老公公。」

我曾把三三的問題拿來問一群學員，她們大部分是女性，而且已經當媽媽了：

「你會告訴孩子有聖誕老人嗎？」

答案居然全部都是肯定的。

我接著問：「如果小孩上了國中呢？」

還是有八成的人回答「會」。

「如果小孩上了高中呢？」

還是有六成的人回答「會」。

在那當下，我被感動了。

重點不在真或假，而是那些點頭說「會」的背後，傳遞出來的情感價值：我們希望年年以聖誕之名，送孩子禮物；我們希望看到孩子驚喜的笑容；我們希望孩子永遠保有純真的心靈。

就像我常講的一句話：「相信自己是天才，比真的天才更重要。」

這句話在寫作的路上激勵了我，我也常拿它來激勵學生。我當然知道自己不是天才，但如果只能依賴天賦的話，那麼在寫作這件事上，我將是被老天爺放棄、否定之人。

唯有認真相信自己是天才，自己的飯自己蹭，才有機會吃到寫作這碗飯。如果只要相信自己是天才，就能獲得更強大的動力、更美好的價值，那麼何必相信傷人的科學呢？

這不是一本科學之書，而一本解決問題之書，所以「孩子永遠是對的」。認真相信「孩子永遠是對的」，就像相信聖誕老人一樣，你將年年得到禮物。認真相信「孩子永遠是對的」，就像相信自己是天才一樣，你將得到不存在的天賦。

相信「孩子永遠是對的」，我們便能自然的展開用正向價值來看待孩子的旅程，那麼在與孩子溝通這件事上，成功的機率，將瞬間暴增到百分之八十。

這麼科學的事，你為什麼不相信呢？

【自序】
透過對話，激發孩子正向能量

雖然很多長輩或媽媽們都說，孩子一出生，身為一個女人，很自然就會知道如何作一個母親，但我得老實說，打從懷孕到孩子生下來那一刻，我都覺得孩子和我非常的疏離（孩子生出來抱在我懷裡時，我沒有感動的流下淚來，反而是看著孩子心裡詰問：「這是我的孩子嗎？」）。至於如何拿捏和扮演好「母親」這個角色，是透過和孩子一次次的相處與衝突，才慢慢建構出來的。

我有三個孩子，分別是三三、川川、一一。老大叫三三，是個女孩子。因為「三」代表多數，因此我們期望三三人生豐富，而「三」又是多數裡面擁有最少筆畫的字，藉此希望三三個性單純。這本書，大部分寫的是我與三三的相處。

我不是個百分百天生的媽媽，但我與三三天生臍帶相連的血脈牽扯，讓我很自然的對她有所期待與要求。漸漸的隨著孩子越來越大，我對孩子的要求也越來越多，不自覺演變成一種期待（臍帶）勒索，自以為自己的要求都是為了孩子。三三兩歲之前，我自覺教孩子很簡單，反正不乖就是體罰，孩子肯定服服貼貼，這是我的原生家庭傳承給我的教養方法（因為父親一個人獨自撫養四個孩子，生活混亂，情緒難免高張）。

不可諱言，「打」真的很有效，只要一打，不乖的孩子立刻屈服變乖，吵鬧耍脾氣的情況馬上獲得改善。因此從三三會爬、會站、會任性吵鬧，甚至只是為了得到慰藉而吸吮大拇指，我都不自覺的用「打」來作為與三三溝通的模式。

我忽略了「孩子永遠是對的」的天性。孩子生下來時純潔無瑕，他們每一個行為的誕生，都源自三個層面：一、遺傳；二、父母給予的環境；三、為了求生存演化而來的應對姿態。因此，孩子行為的對錯，我們父母必須負擔絕對的責任。如果換個角度看孩子的行為，其實他們每個行為的背後，都有一個訊息要告訴大人們，即使是簡單的吃手指動作，也只是要表達他們缺乏安全感。可惜我們大人不想去理解原因，只想用打罵的直接方式，要求孩子戒斷他賴以為安全感來源的手指。

這樣的教育模式一直持續到三三兩歲的某天，她突然對我做了一件我永遠也想不到的反應時，我震懾了。我恍然明白，打罵教育的瞬間成效也許不錯，但長遠來看，卻是造就情緒怪物的根源。

那天，我急著出門，顧不得三三正值「凡事想要自己動手」的時期，彎下腰幫三三穿好鞋子。這下可不得了，三三氣壞了，對著我又叫又跳。面對三三的壞脾氣，急忙出門的我，自然而然動手給了點教訓，沒想到受到教訓的三三，不但沒有安靜下來，反而雙手握拳，不停的朝我嘶吼，那樣子已經幾近歇斯底里的狀態。

我看著情緒完全失控的三三，想著年紀才兩歲的她怎麼會變成這副模樣？孩子沒有錯，錯的是我的教養方式。我這才覺察我的方式徹底錯誤，若再不改變，我這隻怪獸媽媽，就要養出更恐怖的情緒怪獸了。

從那刻起，我調整自己的慣性，重新學習如何用好的姿態和孩子相處，並且珍惜每一次衝突後的對話。透過與孩子真誠的對話，理解孩子，貼近孩子，與孩子攜手走過風暴，走向和諧的相處。

母親的天性，也許是與生俱來，但親子教養則需要不斷潛心學習。比方說現在的我，面臨的是正處於四歲崩潰期的川川，碰上了六歲個性敏感纖細、凡事要求公平的三三，因此姊妹倆的爭執在家裡隨處可見，次數頻繁且激烈。

然而，這些都是過程，只要父母有好的應對姿態，以及好的對話，可以協助孩子看見情緒下被隱藏的真實感受，幫助孩子連結對愛的渴望。如此，姊妹的爭吵便不再是可怕的風暴，而是滋養沙漠的即時雨。

我將這些與孩子們溝通的過程和實際發生的案例書寫下來，並將親子教養的幾個重要觀念分享於書中，提醒大家孩子是一座寶藏，等著我們用「正向」的姿態去挖掘它。也希望藉此提供仍在教養旅程中跌跌撞撞的父母一條僻靜小路，讓每一個父母用好的對話方式取代打罵，讓每一個家庭都能擁有最佳的親子關係，激發出孩子正向的價值與能量。

目錄

獻給

我最敬愛的父親李浩。

他永不放棄的信念與愛，

帶給我穩定的力量。

也獻給我可愛的三個孩子，

三三、川川、一一，

他們的誕生，讓我感受到生命的力量與美好。

練習1

相信孩子永遠是對的

孩子生下來時是純潔無瑕的，他們每一個行為的誕生，都源自三個層面：一、遺傳；二、父母給予的環境；三、為了求生存演化而來的應對姿態。對於孩子的應對與行為，父母有絕對的責任。

相信孩子永遠是對的，找出孩子行為的原因，以及孩子本身的正向價值。

相信孩子永遠是對的

有一則讓我印象深刻的新聞：一名母親接到學校急電，到學校處理女兒在學校毆打男同學的事件。

當時那位在醫院當護士的媽媽被學校老師連環急叩去學校，趕去學校後，一群老師圍著一名男孩和自己的女兒。男孩身上臉上全是血跡，老師上前以責備的語氣向母親報告，女兒因為內衣肩帶被男同學好奇的玩了一下，女兒告訴老師，老師回以「不要理他」就匆匆帶過了，但男同學又一次去玩女兒的內衣肩帶，女兒一怒之下，就把男同學打成鼻青臉腫。校方告知這位媽媽她女兒盛怒下犯的錯，希望她能好好處理女兒之後的賠償問題。

這個媽媽處理的方式與一般人認知的不同，她選擇與女兒站在同一陣線，強悍的要求學校道歉。因為女兒被男同學性騷擾在先，已經告知老師，老師卻漠視問題，最後才衍生出女兒必須依賴自己的力量反擊。

媽媽的言詞我雖然不甚認同，但有一點我和那位母親的立場是一樣的，那就是信任孩子的行為必有其理由。

當我們遇到孩子在學校的行徑偏差，被老師告知自己的孩子是多麼糟糕時，我們該如何面對與解決？

去年年底，在即將邁入新的一年之際，三三在學校發生了一件讓我錯愕的事。年底，腸病毒發生兩個案例，學校停課一週。復課那天，雖然已經過了聖誕節，但是學校還是依約讓孩子進行交換禮物的活動。當天下午，三三回家時很開心，因為自己得到兩個禮物，一個是抽籤抽到的，一個是和同學交換得到的。

隔天放學，我如常去接送孩子，一位老師面色凝重的走向我。學校幼兒園有兩個老師，一個和顏，一個兇顏，而此刻走向我的是孩子比較害怕的兇顏老師。

兇顏老師面色凝重的告訴我：「媽媽，你的孩子昨天抽禮物的時候，搶奪別的孩子的禮物。當時交換禮物非常混亂，我們沒發現是怎麼了，但是被搶的孩子回去告訴阿嬤，自己的禮物被搶走了所以很傷心，今天一早阿嬤怒氣沖沖來學校，要學校公平處理這件事，所以媽媽，請您回去跟孩子溝通這件事的嚴重性，並且請媽媽好好處理一下後續問題。」

我當下聽了，只覺得腦袋亂烘烘。我和三三平常相處緊密，那行為不是我所熟悉的三三呀！

我搜尋前一天的記憶，我記得前一天三三交換禮物回來時的情景。當時交換禮物回來之後，三三興奮開心的跟我說，她得到兩個禮物，一個是抽到的玩具屋，一個是同學送她的星沙。她說，送她禮物的同學，把禮物送她之後有後悔，但是她有拿自己的一個禮物跟她交換，同學才開心的和她交換了。

因為記憶還很深刻，於是我試著和老師核對。

我說：「老師，但是三三昨天的說法不是如此，她昨天說，那個禮物是同學送她的……」

我的話還沒落定，老師很快打斷我。

老師斬釘截鐵的對我說：「媽媽，我說真的，如果真的是同學送三三的，你想想看，同學有可能回去以後還會跟阿嬤哭著說自己禮物被搶嗎？不可能嘛！」

我被老師強大的氣場給嚇住了，我感覺胸口悶，壓力極大。

老師又說：「連三三自己都承認她有搶同學了，媽媽請回去好好跟孩子說。」

「連三三自己都承認自己搶同學？」我露出一副不可置信的表情，因為那跟我昨天聽到的說詞差太多了。

我低頭看三三，三三依偎在我身邊，不像平常的樣子，她內心應該和我一樣感覺到恐懼和害怕吧。我緊緊摟著三三，給予安定的力量。我決定先放棄和老師核對事件，回頭先聽聽孩子的感受。

老師的氣場實在逼人，而我也真的完全無法辯駁。一來我不在事發現場（但回頭想想即使是老師在事發現場，也不知曉事件發生經過），二來三三也已經承認自己搶同學玩具，即使我很困惑孩子從來不曾有過這樣的舉動，但是學校老師、同學、同學阿嬤指證再三，就連三三自己都承認，我又有何立場去辯解？

我們臨走前，老師再次叮嚀：「我們要求三三明天把玩具帶回來學校還同學，請媽媽協助她。」

離開學校，路上我們都沒說話，因為我理智的腦子一片混亂，但是情感上，即使三三真的這麼做了，也必定有其理由，因此思緒再怎麼混亂，我還是謹守我的信念：「永遠相信孩子。」

等回到安靜的地方，恢復了平靜，我決定和三三展開一場貼近她內在感受的對話模式。

我問三三，今天在學校過得如何？

心情低落的三三回了我一句：「我現在不想說耶。」

我明白她心裡不好受，但問題終究要面對，因此我決定單刀直入的問她：「老師說你搶了同學的玩具，有嗎？」

三三點頭跟我說「有」，她搶了同學的玩具。我必須承認，當我聽到三三親口說的，我的感受真是糟透了。

但是事情已經做了，我必須和孩子一起面對問題。

我問三三：「因為那個星沙很漂亮，而你很想要，所以你就搶同學的禮物，是這樣嗎？」

三三點頭說對。

我拍拍她的肩膀，跟她說了個我小時候的故事。

我說，小時候，我跟母親去工廠工作，中午休息的時候，我看到母親同事的一條好可愛的小口紅，我太喜歡那條小口紅了，知道家裡窮，媽媽不可能買給我，於是我就心臟噗通跳的偷拿了那條口紅，後來被母親發現，母親揍了我一頓，我的哭聲響透整個工廠。母親整個下午都沒停手，因為她說我讓她傷心透了，沒把我教好。

故事說完，我跟三三說，我只是想告訴你，媽媽也有過那種好喜歡一件小東西的感覺，好喜歡、好喜歡就好想帶回家，對不對？

三三猛力點頭，可能覺得我跟她一樣也犯了錯，所以比較敢抬頭看我。

我說：「三三，媽媽能理解你的好喜歡，我們可以喜歡一樣東西，但是喜歡和把東西帶回家是兩件事，你和我一樣都做錯了。做錯了我們該怎麼辦？」

三三回答：「明天我會去把禮物還給同學，並且跟同學道歉。」

我摸摸三三，讚賞她。

三三突然問我：「媽媽，你怎麼沒有像阿嬤那樣生氣的打我？」

我笑了，我說：「因為我有學到比較好的方式和孩子溝通啊！」

三三問：「那你是怎麼學的？」

我說：「因為我自己有努力看書呀！」

三三給了我一句欣賞，她說：「媽媽，你這樣的方式很好，我比較喜歡你的方式哦。」

我回以微笑。

原以為三三搶奪同學禮物事件就這樣確定了，那是我不熟悉的三三，但我還是試著去體會和理解。但是，三三突然問我一句：「媽媽，我把禮物還給同學後，那我送她的手偶小兔子禮物，能跟她要回來嗎？」

嗯？這句話聽得我有些困惑。

我問：「你有跟她交換禮物嗎？」

三三說：「有啊，她本來要送我星沙，後來反悔了，我就說那我用兔子手偶跟她交換，她就答應了！所以我的兔子手偶可以要回來嗎？」

兔子手偶自然可以要回來，畢竟交換不成，當然就能要回來，只是這樣一來，這事件就並非是搶奪，而是交換呀！搶奪對我來說是多麼重的字眼，那超出我對自己孩子的認知，而現在這樣一核對，交換確實比較像三三平常的應對方式。

我問三三：「既然是交換的，你為什麼承認自己是搶的呢？」

三三說，因為害怕被老師罵，也害怕被同學的阿嬤罵，她不希望再被罵了，所以……她很快承認自己是搶同學的玩具，其實她也沒搞清楚搶和交換有什麼不同，反正她確實有拿同學玩具回家，這是事實。

我花了一些時間解釋「搶奪」與「交換」的差異，並且告訴她，以後得把事情的經過告訴老師，有做的，我們就承認；沒做的，就大膽的說沒做。

但是三三退卻了，她要求我不要告訴老師她有交換禮物，她怕交換禮物也不是好的行為，怕自己因此又被老師罵，也怕對方的阿嬤還是覺得她是搶的，造成老師又來罵她。

種種害怕的情緒在三三的內在裡翻騰，看來三三真的害怕極了。

我安撫了三三的情緒，先不去談論該怎麼和老師說明，轉而討論禮物還回去的時候，三三想做哪些事來補償同學的心情。

最後，三三跟父親要了一個漂亮的小盒子，把星沙裝在裡面，當成禮物盒，禮物在裡面瞬間變得寶貴起來，三三的心情也篤實安定起來。

隔天，兕顏老師請假，我把三三告訴我的事件婉轉的告訴和顏老師，請和顏老師再幫我核對孩子們的認知，並把三三的疑問：「把星沙還給同學後，她能要求同學也還她手偶嗎？」請老師全權處理。

當天傍晚，去接三三放學時，和顏老師主動告知我，她把兩個孩子約來面對面核對，事件果然如三三說的，三三沒有搶，她是用手偶去和同學交換星沙的。至於同學為何說是用搶的？同學說，因為她反悔了，不想交換了，所以就跟阿嬤說她的禮物被三三搶走。

老師告訴同學，不能因為反悔，就說是三三搶她的禮物，這樣會害三三被老師誤會，被老師罵。老師幫孩子們解開了心結。

心結雖解開，但過程依舊讓我感到恐懼。當時我在面對兕顏老師時，那壓力實在逼人，逼得我不得不低頭。大人都如此感到恐懼了，更何況是一個六歲孩子在面對眾多指責時，不難想像她內在壓力有多大了，無怪乎她承認老師和同學的指控，交換來的玩具，變成是搶來的了。

在面對這樣強大的壓力，我的內在情緒轉折，起伏非常大，從錯愕、震驚、羞愧到憤怒。

換做是其他人，可能會在憤怒的點上爆衝出情緒，當下不是對老師憤怒，就是對自己的孩子憤怒謾罵，但因為**我守住了「相信孩子必有其理由」的信念，於是憤怒的情緒被轉化了。從憤怒到平和到核對到釐清事件，情緒一直沒有成為主導我處理事件的主人，反而是幫助我釐清真相的推手。**

孩子在學校發生的衝突，一直是家長棘手的問題，因為家長永遠是被告知。這意味著，所有的資訊，都是老師看到聽到然後給予家長的，因此資訊已經經過老師的觀點再送給家長。**觀點轉了兩手，就會像懶人包的概念一樣，雖然能快速理解事件經過，但那裡頭永遠含著他人（敘述者）的觀點了。**

於是，**家長們能在這些資訊底下找到事件發生的真正細節，並且永遠「相信孩子」，核對孩子的觀點，是父母處理孩子在學校發生問題時的重要課題。**

掙脫臍帶勒索，聚焦「愛」！

孩子出生時，醫生雖然剪斷了孩子和母親連結的臍帶，但從那一刻開始，父母開始用各式各樣的關愛，打造一條連結孩子的隱形臍帶，讓父母與孩子緊緊相連，而隱形臍帶裡，充盈著各式各樣的期待與滿滿的愛。

然而，重點是為人父母究竟是用什麼樣的教育行為來權充「愛」。**父母的每一言行舉止，甚至行為模式，在在都影響著孩子與父母的應對關係，甚至，影響著孩子對父母愛的認知。**

一位母親與我談起她的先生對孩子的教育讓她非常頭疼，因為每次孩子有什麼不良的習慣或表現，先生就只有指責。不只指責孩子，也指責她這個做太太的太寵孩子，沒把孩子教好。

我問這位母親，先生對孩子的要求或期望是什麼？她笑了笑說，先生其實對自己和孩子是兩套標準，先生都要求孩子吃飯不能看電視，但自己卻端著飯碗邊吃飯邊大刺刺的看電視。還有，先生說孩子不能玩電腦遊戲，一來要認真讀書，二來怕孩子眼睛近視，但是當孩子在書房讀書時，先生雖然在一旁陪讀，事實上卻在玩線上遊戲。

我點點頭，這確實是許多父母會出現的教養雙重標準。

我問母親：「那你自己與孩子的相處怎麼樣？」

她爽朗的說：「和孩子相處沒問題，就是這孩子脾氣太壞，很愛亂發脾氣，可能是跟他爸爸學的。」

我又點點頭，回頭看著那孩子。那孩子將近四歲，母親與我說話的時候，他顯露出不耐煩的模樣，偶爾橫衝直撞，偶爾拉著母親的衣角，要母親快點跟他回家。

就在一個不經意的轉角，孩子手滑，沒拉好母親的衣角，自己摔倒了。

母親回頭看了看，說句：「活該！走路也不好好走，東拉西扯的，難怪會摔倒！」

孩子從地上爬起來，第一時間的反應不是哭，而是憤怒的上前捶打他的母親，並指責她：「都是你害我跌倒的，是你，是你。」

孩子有這樣的反應，我一點也不意外，因為孩子跌倒時，母親為了讓孩子記取教訓，釋出的不是關心，而是諷刺，母親是希望用諷刺來讓孩子深刻記住吧。

這樣的行為模式很常出現在親子教養的應對中，但是有經驗的父母就知道，孩子記住的是父母嘲笑、不理性的反應，而不是記取事件本身（摔倒）的教訓。

我很好奇這位母親會怎麼回應孩子，怎麼處理憤怒中的孩子。

只見她皺著眉頭，用手指著孩子說：「你為什麼打我？是你自己沒站好跌倒，你怪我做什麼，再打小心我揍你！」

孩子一聽，情緒不降反升，脹紅著臉，鼓著腮幫子，憤怒的又捶打母親幾下，大聲說：「就是你，就是你害我的。」

母親喝斥：「你想被打是不是？你再打我試試看。」

孩子聽了母親的話，還是氣呼呼的揍了母親一下。

上了車，母親要孩子對剛剛動手打人的行為道歉，但孩子堅持不肯，而且依舊堅持是母親的錯，兩人僵持不下。不管是母親還是孩子，情緒一直都處在高張的狀態，兩人互不相讓。

其實不管是母親還是孩子，焦點早已轉移，本來應該聚焦在「孩子不好好走路，跌倒了」這件事情，但最後的焦點，卻演變成「孩子沒有好好道歉」這件事。

這讓我想起夫妻之間常出現的爭執有點雷同，譬如太太覺得先生交際應酬，經常晚歸，讓一個人在家空等的太太很寂寞，太太是渴望丈夫陪伴，但一面對晚歸的丈夫，太太往往捨棄自己原始的渴望（渴望丈夫陪伴），總是指責說：「怎麼這麼晚回來？你知不知道我等你多久了？我想早點睡覺都不行，你知不知道我這樣很累？」或者用嘲諷的語氣說：「吼！還知道要回來，真不容易。」丈夫聽到這些話，大部分都不會是好聲安慰太太，而是憤怒或抱怨著：「我這麼忙還不都是為了這個家，你以為支持一個家裡開銷很容易嗎？你以為我不想回家嗎？」或者是：「你想睡覺就自己去睡啊，我又沒叫你等我。」於是夫妻倆越吵就越偏離最初「太太渴望丈夫陪伴」的焦點，變得一發不可收拾。

聽著那母親給孩子說道理的內容越來越多，我坐在一旁，腦筋轉了轉，低頭喃喃的向那孩子說了一則故事。

故事裡有個小女孩，每天走路都踮著腳尖，她媽媽希望小女孩不要這樣走路，因為腳會變形，但不管媽媽怎麼講，小女孩就是不聽。直到有一天，小女孩的腳趾真的變形了，醫生說需要開刀，得把所有腳趾頭割掉。母女倆一聽到放聲大哭，但哭得最傷心的不是小女孩，而是她媽媽，因為媽媽好自責當初怎麼沒有嚴格制止女孩，才會發生這種事。最後小女孩抱著媽媽，哭著跟媽媽說對不起，她當初沒聽媽媽的話才把腳弄成這個樣子，還害媽媽難過。

故事說完，我在孩子耳邊說了一句：「你媽媽要你好好走路，就是怕你跌倒了，萬一受了重傷，她會非常難過的。」

我把焦點聚焦在「母親關愛孩子」的這個點上，把身為一個母親對孩子的愛和關心，扎實的傳遞給孩子知道。

孩子聽完我說的話，臉部的線條變柔和了，低垂著眼，思索著什麼似的。不多久，孩子用稚嫩溫和的口吻對母親說：「媽媽對不起，剛剛我做錯了。」

母親聽到頓了一下，說：「那下次還可以這樣打人嗎？自己跌倒就要自己負責，怎麼可以怪別人？而且媽媽說過了，我在跟別人講話的時候，你不能這樣一直弄媽媽，拉媽媽的衣服，不讓媽媽講話，你聽到了沒有？……」

可惜母親沒能跟得上聚焦的步伐，仍舊在自己的世界裡用著隱形的臍帶（期待）不停勒索孩子，數落孩子的不是。

孩子聽到母親這麼說，又鼓脹著嘴，不發一語。

我要離開之前，母親仍在叨唸孩子不乖、不懂事等種種行徑。

看著那孩子慢慢脹紅生氣的臉，我有點不忍，於是打斷母親叨唸，對孩子的行為作出一個欣賞，我說：「能承認自己的錯誤，並且說出對不起，我覺得你很勇敢。我要你知道，你在我心裡，是非常棒的孩子。」

母親事後問我，為什麼要對孩子說那些話？她認為打人本身就不對，道歉是理所當然，為什麼還要稱讚他？

我笑了笑，問她喜歡她先生對孩子的教育方式嗎？她說當然不喜歡。我邀請她想一想，她處理問題的方式，和她先生有什麼不同。

母親思索了一會兒，不好意思的笑了，說：「好像一樣耶。」

我說，面對不常說對不起的孩子，當他鼓起勇氣道歉，做父母的就需要好好正視他的道歉，正向回饋他。一如我稱讚孩子，是因為希望他記住，做錯事能夠勇於承認錯誤並且道歉，是非常勇敢的。聚焦在這上頭之後，就不要再碎唸了，如此反覆幾次，他學習到的就會是「道歉是一件很棒的事」。如果一直叨唸，他學習到的將是「煩躁，已經道歉了還一直被責怪是自己的錯，既然這樣以後就乾脆不要道歉」。

母親又問我，到底跟孩子說了什麼，讓根本不可能道歉的孩子說出「對不起」這三個字。

我笑而不答，因為馬路上車子往來太多，無法詳述。

其實在這次事件中，我並沒有做什麼，只是把問題「聚焦」，用「故事」來包裝「母親對孩子的愛」，最後藉由講述故事，把這份愛準確傳遞給孩子罷了。

因此在說故事之前，得先釐清我們想聚焦什麼？釐清我們的焦慮、感受，釐清孩子的渴望，並時時刻刻回歸愛，讓孩子們知道我們無時無刻不愛著他們。**只要聚焦**

越清楚，越正向，就越不容易陷入勒索的困境，而孩子與父母連結的那條無形的臍帶就會充盈著純粹的愛，教養孩子的路上就會越來越順暢。

現在的三三，經過長期的對焦訓練，每每遇到我在處理一個問題上情緒太過高張時，都能準確的說出自己內在的感受和渴望，適時的提醒我該做出正確的回應。譬如前不久，三三說要去上大號，才剛坐上馬桶立刻哭著說她大不出來怎麼辦，因為哭太久，安慰無效。我的情緒一時整理不及，於是大聲回應：「上不出來就不要上，你下來，穿好褲子出來客廳。」

三三聽到哭得更大聲，但她很快的聚焦，哭著跟我說：「媽媽，你好兇，我好難過，我真的很可憐，我上不出來又被你罵，你安慰一下我好不好？」

瞧，三三真的很準確的聚焦問題，而我一聽到她這麼說，立刻被點醒，馬上跟她說抱歉，邀請她如果真的上不出來就先下來，明天媽媽再陪她試試看。

因為準確對焦了，問題很快被解決了，三三笑嘻嘻的下來，馬上和我手牽手說她好愛我。**問題永遠沒想像中的那麼大，父母只要準確對焦，愛孩子的心意很快能傳遞到孩子心底去。**

薩提爾模式的內化與應用

某日午後，和朋友一同進餐。在餐桌上，我們有了小小的交流。朋友問我，我每天使用在孩子身上的溝通方法是什麼？熟知這套系統的，就會知道這是「薩提爾模式」，我只是徹底將它運用在日常生活的每一個片刻。朋友問我每天真如我文章寫的這樣和孩子溝通嗎？我回答：「是的。」

朋友問，這樣溝通不累嗎？

其實一開始學習這套模式的時候，確實很累。因為遇到衝突時，我會害怕；一害怕，我就會躲回原來舊有的應對姿態。但長期下來，我看得出來孩子很壓抑，而我自己也沒得到太多的平靜，於是我在一次次失敗之後，一次次的跟自己約定，下一次我要做到哪些改進；做到一丁點的改進，我就會開始將模式內化。日子一久，內化的習慣變多了，溝通就會越來越順暢，而且會進行得很快。再者，我能看見孩子在這樣的模式底下感受到最大的自由與愛，她們每天晚上睡覺前，都充滿愛的能量，連和她們的父親說晚安的方式，都和以前壓抑的方式不同。她們會隔著門扉，不停隔空給她們的父親傳送飛吻，一直「嗯啊、嗯啊」親個不停。

朋友又問，那你這樣溝通之後，姊妹就不太會吵架了嗎？

我聽完立刻哈哈大笑的回答：「一樣吵翻天耶！」

因為她們是手足，彼此學習，彼此競爭，這是她們天生的課題，所以無礙的溝通，並不可能遏止她們不吵架。只是就我自己的觀察，透過一次次的一致性的溝通，引導出姊妹倆對彼此的欣賞和愛之後，三三在對待妹妹的方式上，有一個非常棒的進展，那就是在遇到和川川吵架的過程，她能忍住出手回擊的衝動，完全做到和我的約定（不對妹妹動手）。

就拿之前的例子來說，兩姊妹都急著要上廁所，川川搶先一步進廁所占到優勝的位置，只是剛上完廁所起來擦拭時，兩姊妹不知道為什麼就吵了起來。結果嘴巴吵不贏姊姊的川川，把擦過的衛生紙直接扔姊姊身上，姊姊嫌惡的把衛生紙撥掉。我看得出她有點生氣又有點無奈又很不想理川川。其實換做其他人，肯定憤怒到不行了吧，誰能忍受一張已經擦拭過尿液的衛生紙在自己身上！

但是我看見三三故意忽視它，決定不和妹妹計較這個舉動。

三三離開廁所走過我眼前時，我把她拉到我的身邊，把她的頭埋在我懷裡，抱著她，跟她說，我看見她的努力，欣賞她始終沒忘記和我的約定，謝謝她一直以來都努力去做到，也辛苦她在面對妹妹的無厘頭時，始終保有最大的耐性。

透過姊妹倆不斷爭執的機會，三三一次次練習面對情緒起伏，可以不再依賴動手回擊，並且慢慢將這個習慣內化。她從很壓抑情緒，感覺有非常多的委屈，到現在感覺小委屈，並且習慣妹妹有時的無理取鬧。對一個六歲的孩子來說，這真的是非常棒又難能可貴的資源！

而我的工作，就是在每一次的事件之後，只要發現她情緒有壓抑，就立刻進行對話，以及正向的回饋。和三三單獨對話告一段落之後，我就會邀請川川一起進入對話中，讓她對姊姊說說話，也讓三三對妹妹說說話，讓她們的愛沒有阻礙的彼此流動。

朋友又問，孩子一直哭的時候，該怎麼處理？

這個問題，範疇有點大，得視當時遇到的事件而定。

像是之前看完海邊美麗晚霞回來的那天晚上，川川就因為疲累而崩潰大哭。我把車子停妥車庫，她仍不停狂哭。過程中，我提醒她，我們之前曾經有過約定：「不管多麼疲累，都不能用哭泣的方式來和媽媽溝通。」不過川川當時已經哭到沒有理智，只有情緒。在憤怒中，川川還對著爸爸的方向空踢了兩腳。見她這樣憤怒，尤其在應對爸爸時更是情緒高張，我一時也搞不清楚她憤怒的主因，但家還是要回的，於是繞過爸爸，阻斷了她和爸爸的衝突，伸出手牽著她，一路從車庫走回家。川川的手，始終握在我手裡，我沒有一刻因為她哭泣而放開她。直到進了家門，她仍持續在哭，甚至到姊姊已經洗完澡出來，她仍躺在床上憤怒的哭泣。我詢問她要先吃飯還是先洗澡，她仍舊以崩潰的哭法回應我，什麼話都不說。

我看著她，蹲下身子，雖然感覺有些煩躁，但在我專注看著她時，覺得她真是可愛。**就在那一瞬間，我的內在湧出不同的感受，我覺得我真是愛她，即使她崩潰哭泣，我還是一樣那麼愛她**。

於是我俯身親吻她的額頭，說：「川川，我好愛你，不管你是哭泣還是生氣，媽媽還是覺得你好可愛，媽媽永遠愛你。」

我是真誠的愛著她，並不是把「愛」當作武器，用來威脅她要聽話的籌碼。因此，不管她是否聽話，我傳遞出的訊息是：「我愛她，不管她乖，還是不乖，她永遠是我最愛的寶貝。」

這訊息很重要，因為一**個被愛的孩子，內在會自己產生出力量**。

果然，川川聽完，感覺到自己是被愛的，立刻止住哭泣。儘管臉上還掛著兩行淚，但她閃著清澈的眼睛問我：「真的嗎？你真的愛我嗎？就算我一直哭？」

我點點頭說：「是啊，我一直很愛你，不管你哭還是笑，我都很愛你。」

我能清楚感覺到她情緒好轉，因為被愛包圍了，後來川川甚至主動跟我說對不起，說她沒能遵守約定，但她是有原因的。她開始向我分析剛剛在車上哭，是因為爸爸沒聽懂她說的話，因為水壺裡面有水，爸爸卻聽成水壺裡面沒有水，所以她就想用腳踢爸爸……

我點點頭，看著她，覺得她可以對話了，才開始處理她情緒崩潰的問題。我提醒她，雖然疲累哭泣沒有錯，但時間太久了，媽媽會不知該怎麼辦，而且在崩潰的時候動手打人甚至踢人都是不對的。為了下一次更美好，我和她又做了新的約定，約定我們下一次要努力做到在很疲累的時候，不用崩潰的方式來跟媽媽溝通。

我說，我們可能沒辦法立刻做到，但至少我們願意去努力，這是最棒的事。川川回我一個有信心的眼神，跟我說：「不會的，下一次我一定會做到的。」

在處理孩子的問題時，不管過程多麼崎嶇，不變的是，我的目標都是通往愛。抵達愛之後，我才會在孩子的行為有不妥的地方，或違背了家庭的生活規範處，與孩子進行重要的「約定」，然後在下一次到來前，努力去完成約定。當完成約定的行為開始內化時，約定就會成為習慣，如此反覆，家庭規範以及溝通模式，都能藉此一一建立起來。

每一次對話完，我就感覺有無限的愛流動著，儘管生活充斥著三個孩子各種爭執，但每一天晚上入睡前，我總感覺無限的感動與感謝；感動於三個孩子都是那樣的美好，感謝老天賜給我這三個美好的孩子。

幫助孩子學會「自轉」和「公轉」

遇到孩子情緒爆衝時，該怎麼辦？

其實，我並不是生下來就是個性溫柔的媽媽，我的內在有非常多衝突。以往只要孩子稍有情緒、不乖、不聽話，就會開啟我內在的憤怒，於是辱罵、體罰在我家更是屢見不鮮。

長久下來，我的孩子不但沒有變得更乖，反而情緒更激動、暴躁，我才深刻的省思並且決定努力的轉個彎，走向另一條教養的道路。

但，走另條教養的路之後，我就不失控了嗎？當然不是。現在的我，在某些時候，依然會失控，但我只能說，失控的次數越來越少，而且，就算失控，我也不再用以前打罵的方式教育孩子，這點是可以確定的。

改變教養的方式後，三三的情緒確實比以前更穩定了，也更容易溝通。即便如此，孩子是「頑皮猴」的化身，不可能天天都讓我過得像星期天，所以大哭大叫，在地上「肯德基」（哭鬧打滾）的情形，還是時不時發生。每當此時，總是在考驗我的耐性、臨場反應和智力。所幸我總是找得到方法（雖然可能不是最好，但至少不會太差），可以和三三心平氣和的溝通。

有位媽媽跟我說：「我的女兒，經常在我最忙碌、最棘手的時候給我出難題。那天我在幫弟弟洗澡，弟弟已經全身脫得光溜溜，姊姊為了應該尿在地上，還是要在馬桶尿尿，在地上打滾狂哭，我擔心弟弟光溜溜在浴室會感冒，就沒理她，進去浴室幫弟弟洗澡，沒想到姊姊在門外氣得一直踹門，差點把門踹壞。到底要順應孩子讓她尿在地上，還是要教孩子正確作法讓她尿在馬桶？換做是你，會怎麼做？」

每每在回應這樣的問題前，我深信每個孩子都是對的。行為的產生，勢必有其原因，而每一個孩子都是獨一無二的個體，「同一種教養方式」不可能「符合每一個孩子的需求」，但只要大方向是對的（用愛陪伴孩子），就不用太擔心。

於我而言，**孩子就像是個既要學會「自轉」，又要學會「公轉」的「地球」**。自轉，**是為了保有孩子自己獨特的性格；公轉，則是為了與這個社會接軌**。因此要怎麼面對有強烈自我主見，但一不順心又很容易情緒失控的孩子？該如何讓他們在自轉和公轉間取得平衡？

我的原則很簡單：「**重要的事，我決定；其他枝微末節的小事，孩子決定。**」什麼是大事，什麼是小事，父母可以自己衡量。你管的「大事」範圍「越大」，好處是讓孩子都在你的掌控中，比較能朝你要的目標前進，但壞處就是孩子的自主和學習力會越弱。反言之，你管的「大事」範圍「越少」，好處就是孩子會越來越獨立，但壞處是越有可能產生脫序情形。

遇到問題時，究竟該怎麼做呢？

舉個我和三三遇到的切身例子會比較清楚些。

三三從三歲多就開始和我一起去上親子律動課。一天，褓母拿了一支太陽眼鏡給三三，讓三三坐公車時可以戴著去上課。一路上，三三好開心，不管走路還是坐車都戴著太陽眼鏡。她還開心的問我：「為什麼婆婆（褓母）要送我太陽眼鏡呢？」

我回答：「因為好看呀！因為愛三三呀！」

三三竟然回嘴說：「不是啦，因為太陽很大，要遮太陽啦！」

沒錯，三三就是屬於非常有自我主見的孩子，她有她自己的看法和想法，因此是屬於非常有「自轉」能力的孩子。

整路上，三三都很高興自己收到一個新禮物，而且「非常堅持」要親手為自己戴上，不讓任何人幫忙。於是她照著自己的直覺（覺得眼鏡就應該要這麼戴），小心翼翼的將眼鏡放在眼睛前頭。但是她從來沒戴過眼鏡呀！所以她戴完眼鏡後，呈現出一種雖然非常帥，也非常「詭異」的感覺。

三三將眼鏡戴反了。不只上下顛倒，連眼鏡腳安插的位置都不對。身為有某種強迫症（生活正確性）的母親，我實在看不下去，忍不住問了一句：「你戴反了，我幫你戴好不好？」沒想到三三一聽，生氣的大叫：「不要、不要碰我！」於是，我們母女倆呈現出「我很想幫忙」（其實是糾正），但她堅持「不要別人碰她」的歇斯底里狀態。

過了一分鐘，我放棄了幫忙的念頭。我想，三三有權用她的方式探索這個世界（雖然她的方式跟這個世界習慣的方式不一樣）。現在的她，正屬於應該多去探索這世界的階段，既然她這麼有興趣，而且勇於用自己的方法嘗試，我應該放手才對。這麼一轉念，我就不再堅持，只是靜靜看著她，欣賞她獨特的戴眼鏡方式。就這樣，我們母女度過了一小段安靜時光。

好景不長，過了幾分鐘，三三的眼鏡從她的耳朵滑下來（這是當然的，她根本沒掛在耳朵上呀）！

三三激動大叫：「掉下來了！掉下來了啦！」

我問：「需要我幫忙嗎？」

三三說：「不要，你不要碰！」（這傢伙真的太有個性了！）

三三弄了好久，始終弄不好，開始崩潰大哭。

她說：「媽媽，我弄不好啦，我不會弄啦！」

我平靜的再問一次：「需要我幫忙嗎？我可以幫你！」

她依舊歇斯底里。「不要，你不要碰我！」

三三真是個奇特的孩子，內在有著過不去的鴻溝與矛盾。事情做不好，立刻崩潰，別人想幫忙，也非常堅持不肯接受，只是自顧自的一直大哭。

因為她不讓我幫忙，於是我順了順自己的心緒，靜靜在一旁看她怎麼處理自己的事情（這時雖然在公車上，但我還是決定給三三一點時間哭泣）。我的想法是，每個人的內在，都存有一套做事的系統，以及思考事物的邏輯方法，三三是個太渴望什麼都要自己來的孩子，因此我欣賞她的正向資源，那就是她很獨立，願意自己動手完成任何事。如何從負向的行為看見正向資源，是我一直努力的功課，唯有如此，我和三三才會一起成長。

三三處理好她的眼鏡後，目的地到了，我牽著她下公車，沒想到我才剛剛下公車，站在公車階梯上的三三又崩潰了。

三三大哭。「你弄到我的眼鏡了啦，你為什麼弄到我的眼鏡？」

我還沒弄清楚怎麼一回事，只是心心念念著這個地方太危險，不適合處理任何事，於是伸手將三三抱離公車，趕緊離開馬路。被我抱著的三三，又一次腦筋斷線的大叫：「你不要碰我，你不要碰我！」她不停掙扎，想掙脫我的懷抱。

三三的狀態我很清楚，她就是那種「這件事情還沒解決，不能進行下一件事」的個性，但現在攸關生命，對我來說，就是屬於「大事」。而且活在這個社會，都必須知道馬路太危險，不能久待，這也是孩子應該要學會的「公轉」（馬路很危險，行進間不能放開長輩的手，過馬路必須要專注且快速），因此由不得三三決定，我還是將她抱離危險現場。

我將三三放在安全的騎樓下，請她看著我，以沉穩而堅定的口氣跟她說：「上下公車是最危險的時候，所以速度要快。剛剛媽媽已經站在馬路上，你卻站在公車上不肯下來，這樣會讓你自己和媽媽都陷在危險的處境。以後不能這樣，知道嗎？」

三三撇過頭，生氣的不想理會我。

我說：「三三，媽媽在跟你說話，請你看著我。」

三三說：「不要！」頭依然撇著，生悶氣，不肯看我。

我在一旁找個臺階坐下來，等待三三的情緒平穩下來。這時，我一邊看著三三

（確認她的安全），一邊想起「吹笛人與蛇」的畫面。

現在的三三（只要在情緒高張、狂哭、尖叫、崩潰、肯德基的狀態皆然），就跟「蛇」一樣。蛇是屬於天生沒有聽力的動物，他們的反應是透過地面或四周的震動及蛇信的探索，來彌補聽不見的缺陷。聽不進任何聲音的三三，想讓她聽見我的聲音，除了等她自己平靜，別無他途。當然，如果用非常高的聲量狂聲斥喝，她應該會聽得見，但同時也將恐懼與爆怒的情緒一起吸收了，然後下次在某個場合，我就會看見自己種下的因果，我可不想這樣。

過了一兩分鐘，我問她：「準備好跟媽媽說話了嗎？」

三三依舊撇過頭，不理會我。

時間一分一秒過去，眼看上課時間快趕不上，我衡量究竟是「準時上課」比較重要，還是教會三三「交通事件」比較重要。想了想，決定在這個時間點停留一下，將我認為的「大事」教會三三。

深吸一口氣，緩緩吐納，腦筋轉了轉，我再次以沉穩而堅定的語氣說：「看著媽媽，媽媽有些話一定要告訴你。」

於是我將剛剛的情況和可能發生的危險一一告訴三三。雖然三三的情緒還沒平穩，但我知道，她聽進去了，她的臉偏向我多一些。

三三說：「可是，眼鏡就掉了啊，該怎麼辦？」

我再次邀請三三看著我，這次她終於直視我了。我說：「下車的狀況比較危險，所以我們必須先下車，眼鏡掉了先拿在手上，媽媽會找個安全的地方，再讓你戴好，你覺得好嗎？」

三三點點頭，算是達成共識。

我處理此事的方式是，溫柔而堅定而持續，直到三三接收到我想要給予的重要訊息為止，才暫告一段落。**因為在生命交關當頭，沒有任何事比這更重要，因此什麼尊重、什麼教養、什麼孩子的獨立自主，只要碰觸到「攸關性命」的課題，一切都是小事，只有生命最重要。**

我見三三放下情緒，整個人呈現柔軟的姿態，很慶幸剛剛自己在和三三應對時沒有被自己的情緒影響。如果我用情緒來對抗三三的憤怒，恐怕必須花費比現在更長更久的時間來處理，況且用情緒來處理事件，我們母女最後都會兩敗俱傷，她肯定更惱怒，而我則會更憤怒於她的情緒，到最後，真正該處理的事件反而得不到任何幫助。

我溫柔的伸出手，對三三說：「那我們去上課吧？」三三則回以開心的笑容。

我和三三就這樣，手牽著手，一起前往教室。

我知道，其實不管父母用什麼樣的方式教養孩子，身為孩子的母親（或父親）一定還是會遇到各式各樣的質疑聲浪。因為即便是現在的我，在前幾天還是被褓母的先生以開玩笑的方式說：「你太寵小孩了，三三才會脾氣這麼大，換做是以前，我們早就打下去了。」聽完，我只是笑笑，不做回應。其實我並沒有寵，寵的定義對我來說應該是：不管孩子「做對」或「做錯」都不加以糾正。但我並非如此，三三只要做錯事情，我會努力「糾正」，只是用不一樣的方法和態度而已（我沒有吊起來打，沒有爆粗口，沒有語帶威脅）。

話雖如此，既然我用平穩溫和的方式教養三三，為什麼三歲時期的三三脾氣還是如此倔強，動不動就愛生氣？

孩子永遠是對的，這點無庸置疑，除了三三的天性外，還有兩歲以前我教養孩子的方式錯誤種下了因，需要用更多時間來平復。當然，外在環境也非常有關，三三在褓母家較常出現爆怒的情況，在家裡次數比較少，想當然這原因還來自褓母家的教養方式差異。

當遇到孩子情緒爆衝或崩潰大哭時，如果能多停留十秒鐘，就會想到更多更好的處理方式。我的作法是，告訴自己一個關鍵提詞，例如：「與生命沒有抵觸的，都是小事。」這像是暗示自己只要與性命無關，都可以放寬心的看待，然後我的情緒就會較為平和。

當然，如果最後父母不小心失控了，而且事後非常懊悔，請記得，懊悔完之後，跟孩子和解（擁抱孩子或向孩子承認自己的錯誤，說聲抱歉），孩子會在這件事件中，學到大人的柔軟，也會深切記得大人即使失控，還是沒忘記愛他，這是非常重要的！

最後，也給失控的自己一點鼓勵，告訴自己：「我很努力了，下一次我會做得更好的。」畢竟教養這條路很漫長，給自己一點欣賞是必須的，如此才能更堅定的走下去。

陪孩子走一段完整的悲傷歷程

某個週二，三三上學前，我看見客廳裡有一只三三手作的公主吊飾。我想起三三書包上原本的吊飾壞了，於是憑著直覺，我說：「三三，你的書包上沒吊飾了，我們把這個別在書包上吧？」

三三沒有反對。就這樣，我把吊飾別在她書包的拉環上，當時我還不知道這個吊飾只能陪三三一天的時光。

放學後，我去接三三，當時吊飾還在書包上，而三三很得意的跟我分享，同學都很驚訝這麼美的吊飾竟然是她自己做的。

就這樣，我牽著她，走在細雨中，慢慢的往回家路上走去。

途中，我們去買了一把雨傘，一起在站牌下等著遲遲不來的公車，同時叮嚀三三待會兒回家應該做的事，因為我們回家短暫的停留後，就得匆匆趕去褓母家接妹妹；這天是妹妹試上鋼琴課的日子，遲到了怕影響妹妹的心情。

我們一路聊著玩著，回到家，直到開門的那一刻，三三發現她的書包上居然空無一物，漂亮的公主吊飾不知道什麼時候不見了。

三三崩潰的哭著，她不願意進家門，就這樣站在門口哭，嚎啕且傷心。她一邊哭，一邊悲傷的說：「那是我最心愛的公主吊飾，我本來不想別在書包上的，是媽媽說要別的，如果不別上去，它就不會不見了。」

三三把懊惱與悔恨找了個出口，發洩在我身上。

我看著三三，理解她是個愛惜物品的孩子，也很心疼她失去心愛物品的景況。我腦子不斷的想著，在時間的壓迫下，我該如何陪孩子走過失去心愛物品的傷心？陪伴不是為了解決三三悲傷的問題，而是為了讓三三能在這次事件中，得到支持的力量，讓她知道無論發生什麼事，我都會陪著她，她不是孤單一個人。

決定了以後，我告訴自己，別去在意時間了，因為**唯有放下時間，寬容的陪伴，才不會讓自己焦躁**，才能真正陪三三走過悲傷的風暴，這遠比任何事情都來得重要，川川上課遲到就遲到吧。

我抱著三三，低頭跟她說抱歉。我說：「我如果知道公主吊飾會不見，媽媽怎麼可能還會讓你別在書包上？媽媽和你一樣很喜歡那個吊飾，而且那還是你親手做的。媽媽懂你的心情，飾品不小心掉了，媽媽很抱歉。」我又說：「媽媽知道你很難過，現在我能幫你什麼？」

三三哭著說：「我要一模一樣的公主吊飾。」

我搖頭：「媽媽可以陪著你哭，可以陪著你回去找，可以不去上課，就是陪著你，但把公主吊飾變回來可能沒辦法，媽媽不是魔術師。怎麼辦呢？吊飾變不回來的話，你還希望我陪你嗎？」

三三停了哭聲，想了會兒，說：「媽媽你陪我回去找。」

我說：「好，我們放下東西就回去找，但是媽媽不能保證一定找得到哦！因為不知道吊飾掉在哪裡了，如果找不到我們就得接受它不見的事實哦！」

三三聽了又悲傷的哭了，我知道她不想接受可能找不到的事實，但生命就是如此，即使不願意，有些事情還是會發生，我們得學習接納。

就這樣，我帶著三三，撐著雨傘，沿著來時的路，一路尋找回去。到了公車總站，我們敲了停在路邊的公車門，懇請司機讓我們上車去尋找遺失的東西。因為不知道我們究竟是坐哪一輛公車回來，只要是路線號碼相同的公車，我們都上車去尋找。就這樣，三三上上下下了五、六輛公車，都沒找到她心愛的物品。三三絕望的對我說：「媽媽，東西真的不見了，我們別找了吧。」

我說：「後面還有一輛，我們再去看看吧，沒看完所有公車，我們先別死心。」

我會如此堅持，是因為我是認真的陪著她，我把三三失去東西的悲傷當成是自己的東西在對待，因此在盡自己最大能力之前，我的信念是：不到最後關頭，永遠別放棄。也就是因為這個堅持，三三知道**我的陪伴不是敷衍，而是真心的對待，甚至超出她的想像，她會在這裡得到更多支持的力量**。

最後，我們又多爬上兩輛公車，結局依舊，飾品真的不見了。

我和三三回到家，三三坐在客廳的椅子上，一想起飾品就悲傷的哭著，而我選擇坐在她的面前，看著她的眼淚嘩啦流淌。

三三說：「媽媽，我好傷心，我好難過。」

我說：「我知道，我懂得你的傷心，那種失去心愛東西的感覺，媽媽也曾有過。媽媽不知道該怎麼幫你，但是媽媽知道，你很努力去找，媽媽也很努力了，我想吊飾一定也非常努力的想要回來，所以我們都盡力了。盡力就好，我會一直在這裡陪著你的。」

三三哭著問：「媽媽你也有心愛的東西不見了嗎？那是什麼？」

我說：「有啊，我最寶貝的老爺（我的父親，三三外公）走了，當時我就像你一樣，好悲傷，難過。」

三三想到傷心處，又放聲的哭著說：「媽媽，我覺得我的公主吊飾好可憐，它一個人掉在外面，它好想回來卻回不來，它好可憐。」
我說：「可是我並不這樣認為，你覺得它很可憐，那是因為你這樣想的關係。」
三三疑惑的看著我。
我說：「就像老爺過世了，你覺得老爺可憐嗎？我總覺得，如果可以選擇，老爺一定也不想離開我們，所以他肯定也非常努力的想留下來。但是老天爺給的時間到了，他努力過後還是回不來，這樣的老爺，如果我覺得很可憐的話，老爺可能就會飛往可憐的地方，那這樣他真的就會變得非常可憐。可是我不願意老爺飛到可憐的地方，所以我總是想，老爺是幸福的，因為他努力過了，走的時候也沒有病痛；有些人走的時候是很痛苦的，但老爺沒有，所以這點老爺很幸福，不是嗎？而且，老爺走的時候，有我們這群非常愛他的孩子陪在身邊，老爺一定也感覺很安心吧。」
三三似懂非懂的點頭，又反駁：「可是我還是很難過呀，東西不見了，我心情不好，媽媽可以補償我一個嗎？因為是你幫我把飾品別上去的，是你害她不見的。」
我搖頭：「我沒有辦法補償你，因為沒有一個飾品能取代你的公主吊飾，而且我並不認為是我害的，因為早上我幫你別在書包上的時候，你是同意的，不是嗎？我想，我們都得接受飾品不見的事實，」
我不給予補償的想法很簡單，因為東西丟失並不是我所願意的，而且當初是三三同意把飾品別在書包上，所以東西丟失，我們需要共同承擔結果。孩子不能把過失都推給我，而且**孩子必須學習接受失落、悲傷的情緒，往後當她面臨相似問題時，才能有足夠的力量面對**。

三三說：「可是我很難過，沒辦法停下來呀。」

我說：「當然要難過，老爺走了，我也很難過！難過是很正常而且很棒的事，因為那代表我們很愛他。告訴你一個祕密，其實老爺走了以後，教會我一件很重要的事，那就是我學會更珍惜留在我身邊的人，比如三三，比如川川，比如一一和你們的爸爸。我想，你的公主吊飾不見了，會不會也是想教會你珍惜其他留下來的玩具，比如長頸鹿，比如兔子，比如黑貓積積……，他們都等著你去愛它們，它們都渴望你開心的樣子。」

三三問：「為什麼它們都希望我開心？我很想我的公主吊飾啊，我一想到它我就想哭啊！」

我點頭，說：「就像老爺走了，我也會哭，但是如果我一直用哭來想念老爺，那麼留在我身邊的人，肯定也會跟著我一起悲傷吧？三三如果看到我每天都在哭，會怎麼樣呢？」

三三說：「我也會一直哭吧？」

我說：「肯定是呀，每天哭，心情都很不好吧？那留下來的人不是很可憐嗎？每個人都不能快樂，都要陪著我一起哭！我想這不是老爺希望的，所以我決定把對老爺的愛，放在我心裡。我還是可以繼續愛老爺，想起來的時候當然還是會難過，但是不會像一開始的時候那樣悲傷，因為老爺已經飛到幸福的地方了。所以我要好好珍惜留在我身邊的人，讓身邊的人都過得快樂，這樣以後我們才能一起飛到幸福的地方呀！」

三三停止哭泣了，她上前抱著我很久很久，親了親我，之後便靜止不動。我就這樣靜靜的抱著她，不在乎時間滴答。

時間就像是靜止不動的棉絮，那樣的柔軟，那樣的沉靜。

許久之後，三三抬起頭，眼裡沒有淚水，只有堅定的目光。她告訴我：「媽媽，該去洗澡了，等等要趕快去接妹妹，不然她上課會遲到的。」

我笑了，我知道她悲傷的歷程在我專注的陪伴下，已經完整的走完了，而現在的她所展現出來的樣子，比起飾品丟掉前的任何一刻，都還要有力量，這是失去飾品所得到的珍貴禮物。

練習2

改變慣性姿態，溫暖的應對

姿態，影響著人與人之間的相處關係。我們姿態越高，與我們相處的人為了生存，只好發展出更強硬的姿態。

在親子互動中，父母應練習覺察自己的慣性姿態。姿態越柔軟，孩子越能學會溫暖的應對。

接納犯錯

有一天，一個好朋友私訊給我，告訴我她的心情沮喪極了。她說因為時間近中午，她到廚房料理兩個孩子要吃的中餐，三歲半的老大則很自動自發的在房間換褲子（三歲半的孩子就能自己換褲子，真的是獨立又成熟呀）。換完褲子的時候，老大順手將房門關起來，就在這時，妹妹的手竟然伸了出來，就這樣，門一關，妹妹大哭了起來，因為她的手被門夾到了。

好朋友在震驚、擔憂妹妹以及一團混亂的情況下，打了不小心犯錯的老大。打完之後家裡一片哭聲，妹妹因為手痛而哭，老大則是被打而哭，最後連她自己也懊惱萬分，因為老大不是故意要夾妹妹的手，打他也於事無補，為什麼要打呢？

好朋友帶著自責的心情將整件事情告訴先生，結果先生的回答讓她產生更巨大的沮喪與自責，因為先生說：「早就跟你說過這類的狀況，也早告訴你要看緊孩子，你看吧，終於發生我之前說的事了。」

我對好朋友的處境感到心疼，內外夾擊的雙重自責，讓她幾乎承受不住。

其實不管是好朋友在孩子不小心犯錯時的處置，還是她先生面對太太不小心讓孩子受傷的回應，我都能理解他們的出發點與用意都是良善的，他們都只想表達「擔憂與關心」。好朋友的動手，是因為擔憂妹妹；而先生說的風涼話，也是出自於關心孩子。撇除這兩人的行為是否恰當，行為底下所要表達的，其實都是出於「善意」，只是這個善意的表現往往是用指責的語言來呈現。

不知道是人的共通習性，還是只有中國父母才會這樣，每每面對問題，總是太習慣使用指責的方式，彷彿將過錯賴給別人，問題就能輕易解決，卻忽略了當事者（犯錯者）的感受。

就在好朋友難過的同一天晚上，三三剛好也發生了類似的情形。

當晚我和爸爸去褓母家接孩子返家，三三因為和阿公（褓母的先生）玩得太開心，因此在褓母家的臺階上不停轉圈，沒注意到妹妹就在她身邊，她一個轉身，撞到了妹妹，妹妹立刻從臺階上摔下來，頭部撞地。我當時就站在旁邊，雖然看到了，雖然趕緊跨步上前伸手去接，但仍晚了一步。川川從十二公分高的階梯上摔下來，頭部應聲撞到地板，她立刻大哭了起來。

我抱著川川，先安撫她的情緒，而對於三三不小心的舉動，我的想法是，不急著處理，因為我「相信」三三不是故意的。我決定先將川川安撫好，確定沒有太嚴重的傷勢，再來處理三三的行為。但是沒想到一旁的人都比我心急，為了表達關心妹妹，個個都用責罵的方式來指責三三。

褓母說：「叫你要小心、要小心，你看，撞到妹妹了吧。」

三爸說：「三三你下次要小心點啦，你看妹妹很痛耶！」

褓母說：「以後不准你在這裡玩，聽到沒有。」

三爸說：「下次要注意，不可以再撞到妹妹了，知不知道？」

每個人都把關心妹妹的焦點，拿去責罵三三了。三三本來因撞到妹妹而內在非常愧疚，但現在突然要承受這麼多責罵，她的臉瞬間變得倔強、剛硬、委屈，各式各樣的情緒在她小小的內心匯流成大大的憤怒，眼看她就要用憤怒來抵抗大家對她的責罵。這時我立刻溫柔的對她說：

「三三，我知道你不是故意的對不對？沒關係，妹妹是因為太愛你，太喜歡跟姊姊在一起了，所以總愛跟在你旁邊，你才會不小心撞到她，對不對？下次我們轉身的時候，慢一點、輕一點就好啦。因為她這麼愛你，而你也這麼愛她，一定不希望她受傷，對不對？」

我在我的話語中加入了「並非完全是她的錯，而是妹妹太靠近她」的意涵，而在這份靠近中，我加上妹妹對她的愛。因此三三聽完我的話，剛硬的臉立刻染上柔和的線條。

我將仍在哭泣的川川抱低，跟三三說：「妹妹剛剛撞到地板了，好痛呦，我們來安慰她吧。」

三三聽到我說的，立刻趨前，把妹妹攬在懷裡，拍拍妹妹的背，又摸摸妹妹的臉說：「對不起妹妹，哪裡痛痛？不哭哦，姊姊秀秀，姊姊下次會小心哦！」

褓母曾經跟我說，每次三三犯錯，要三三跟妹妹說對不起比登天還難，但在我的認知裡，任何人被用指責的口吻不停對待時，別說是三三，所有人都會抵死不從啊！**少用指責，多用愛與信任的語言，任何孩子都不是頑石。**

當孩子不小心犯了錯，我總想著要相信孩子，相信孩子不是故意的，相信孩子只是一直不察，更相信孩子下次會做得更好。三三是個敏感纖細的孩子，比起因受傷而大聲哭泣的川川，我其實更關注三三內在的感受。

因此當這類的問題發生，我處理的優先順序是，先確認受傷的一方有沒有嚴重傷勢，再來就是處理不小心犯錯的孩子。我會帶著擔憂妹妹的口吻告訴三三我很擔心妹妹，同時帶著相信的口吻正向的告訴她，我相信她一定不是故意的，並信任她下一次會做得更好。

雖然三三可能下次還會犯同樣的錯誤，但孩子的成長，本來就是需要透過不停的犯錯，來累積成長的經驗。我們只要在這個歷程，一次次傳達對她的信任，並且約定下次還要更進步，孩子會越來越好、越來越注意自己的行為，並且時時刻刻保護愛她的妹妹。

至於因為動手打了孩子而懊惱不已的好朋友，我只想對她說，**我們都不是聖人，肯定都會不小心犯錯，但就像對待孩子一樣，對待犯錯的自己多些接納與寬容，相信下一次我們會做得更好。**

高與低的應對姿態

某個週六，我去台中靜宜大學演講，三三和川川也去了。難得的時光，晚上帶著孩子與娘家的家人聚會。

吃完晚飯，一家人前往飯店休息、泡茶、聊天，一群孩子自然就在房間裡亂竄，開心大玩。

三三的表哥孝宣和三三感情非常要好，而川川則與年紀相當的表姊沛羽感情偏好，四個孩子就這樣偶爾兩兩一組玩扮家家酒，偶爾四個一起彈跳彈簧床，開心得不得了，而我們這群大人也在客廳分享彼此生活。

就這樣過了不知多久的美好時光，突然，房裡出現沛羽的哭聲，聲音響亮，是那種無法任由孩子自己解決的哭聲。

我很快奔到房裡，詢問沛羽怎麼了？是不是哪裡受傷？沛羽搖搖頭，表示不是受傷。我蹲下身子，問：「怎麼了？發生什麼事？」

沛羽悲傷的哭訴著，說哥哥躲在衣櫥裡嚇她……後面的話，因為她情緒還在高點，所以也聽不太清楚事情的緣由始末，但至少不是身體受傷，我的心安定了點。我牽起沛羽的手，往客廳走去。路上，川川竄出來，用稚嫩的聲音不停跟我說：「我早就叫沛羽不要去，因為孝宣和姊姊要騙她，但是沛羽就是不聽，她就是去了啊，所以就被嚇到了。」

川川的話讓我有點摸不著頭緒，難道是川川早就知道孝宣的計謀？來到客廳後，沛羽看到大伯張開雙臂說：「來，阿伯看看怎麼回事？」沛羽很快的奔向大伯的懷抱，斷續的述說經過：「哥哥說有禮物要送我，可是沒有，哥哥躲在衣櫥嚇我。」

因為始終聽不明白事件過程，我於是轉頭詢問三三：「怎麼回事？」

三三很清楚的述說了事情的經過。原來是孝宣要三三跟他聯手騙自己的妹妹，由他先躲在衣櫥，然後讓三三去騙沛羽說哥哥有禮物要送她，禮物就放在衣櫥裡，要沛羽親自拉開衣櫥的門。就在沛羽拉開衣櫥門時，孝宣立刻跳出來出聲嚇沛羽。沛羽在滿懷期待下拉門，結果收到的是驚嚇，當然立刻崩潰大哭。

我這才知道，原來三三是共犯呀！原本以為只是單純的哥哥騙妹妹而已，沒想到連三三都參與其中。

對沛羽而言，這崩潰的哭聲情緒有好幾層，除了受到驚嚇，其實還有驚嚇過後的失望與憤怒。因為她被騙了，不但禮物飛了，連她最愛的家人都騙她，簡直是多重打擊。她的哭聲綿延許久，因為太多層次的情緒，需要透過哭泣來層層撫平。

而這個過程，川川全都知道，在她發現哥哥姊姊的計謀時，純真的她當然立刻去拉住表姊，叫她不要受騙，但表姊深受禮物吸引，完全無法聽進川川的告誡，就造成這樣的結局了。

我問三三：「孝宣要你聯合起來騙沛羽，你怎麼這麼聽話？」

三三說：「因為孝宣叫我去，我就去了呀，而且我原本以為不會怎麼樣，就是好玩而已。」

我問：「所以如果孝宣這樣騙你或嚇你，你也覺得好玩嗎？」

三三搖頭：「不好玩。」

我說：「所以沛羽現在是不是很傷心？你們說有禮物給她，不但沒有給，還騙她，她是不是很可憐？」

三三點點頭。

我看著三三，發現三三滿臉愧疚的看著哭泣的沛羽。

我想，此刻她看著沛羽，也許是想彌補自己的過錯而不知道該怎麼辦吧？於是我在她耳邊問：「你要不要過去跟沛羽聊聊或說些什麼？」

三三說：「好，可是媽媽你要陪我！」

我：「好。」

我的手始終牽著她，她自己走到沛羽身邊。開口前，抱著沛羽的大舅舅突然開玩笑的大聲對三三說：「你們怎麼可以騙沛羽呢！」

三三嚇了一跳，有點退縮的愣在那裡。

我則在三三的耳朵旁溫柔而堅定的說：「你不是有話要跟沛羽說，我陪你。」

於是三三小聲的說：「沛羽，對不起，我不應該騙你。」

沛羽的哭聲原本已經稍微小聲一點，不過聽到三三的道歉，瞬間又陷入傷心的情緒，也許是三三終於正視她的感受了，因此委屈的大哭。

孩子間的相處，隨時都有爭吵，也隨時都會和解，過了幾分鐘，孩子們又拉著彼此回到房裡嬉戲。

沒多久，我聽見房裡的三三對沛羽又說了幾次抱歉的話，還安慰她說，這一次真的有禮物要送她。

於是我見到三三奔出來向大舅舅索取紙張和筆，而妹妹川川也有樣學樣跟著一起索取，兩姊妹非常認真的在地上開始畫畫。

畫好以後，兩姊妹圍著沛羽大聲說：「來，這是我要送你的禮物，你不要再難過了哦。」

這時的沛羽像是得到什麼巨大而且神聖的禮物，開心的要飛上天去。

沛羽因為感受到自己被三三和川川愛著，所以她不但不傷心，還拉著三三和川川，要回贈禮物給她們。

於是三三得到兩個化妝盒，川川得到一只兒童手機，一個牙醫手電筒。

三三得到禮物後雀躍不已，直到沛羽她們離開，她都久久不能自已的不停對我述說：「媽媽，沛羽對我們真的太好了，我對她小小的好，她就對我們大大的好。而且我做了不好的事，跟孝宣一起聯合起來騙她，她不但不生氣，還送我禮物耶！我實在太開心了，我覺得沛羽真是個太好的人了，我要告訴孝宣，叫他以後不要再欺負妹妹，要對妹妹好一點。媽，我因為真的太開心了，所以我得要一直重複一直重複講，你不能阻止我哦！」

那整個晚上，三三不停的向我和她爸爸述說著這不可思議的一切。

其實，這就是我想分享的「姿態」。

姿態，影響著人與人之間的相處關係，我們的姿態越高、越硬，與我們相處的

人，為了要在我們強悍的姿態下求生存，只好發展出更強悍、更固執的姿態（或者反向變成討好）。而我們的姿態越柔軟，相同的，與我們相處的人，也會越溫柔的與我們相處。

三三在這件事上做了共犯，一起欺騙表妹。這事件很小，因為孩子的遊戲總是如此，但沛羽在遊戲中哭了，就不是她所期待的事。按照以往三三倔強的性格，她應該會強悍的轉身離開，離開哭聲，離開責罵，離開戰場，因為她的個性不喜歡示弱，而道歉就是示弱。

不過在長期陪伴三三成長的過程，我與她在發生衝突時，始終認真且誠懇的向她道歉，她也學習到「道歉」其實是一件很重要的事，所以才能在沛羽哭泣的第一時間勇敢的去面對問題。事後，我誇讚三三，她不止一次的向沛羽道歉，還畫畫送她，這是多麼棒、多麼難得的行為。然後我問她，她這麼勇敢，為什麼第一次道歉還要媽媽陪呢？

三三回我：「因為我還是不想在大家面前道歉，但是有媽媽陪就可以。後來沛羽進房間，我就自己去道歉，因為沒有大人在旁邊，我比較不害怕。」

三三用自己的方式、溫柔的姿態去面對這次事件，而她也驚訝的發現，自己的溫柔姿態竟讓她贏得更多東西，不僅僅是沛羽回贈的禮物，還有沛羽滿滿的愛。她深刻的學習到這是個多麼不一樣的生命經驗，而且是用她以往不太會使用的低姿態。

我深信，她有了這一次美好的經驗，往後也會更懂得將溫柔的姿態融入本能的應對姿態裡。

每次手足爭執，都是改變相處模式的契機

教養是一條很漫長的路，就像股市行情一樣，會一直上下震盪，不可能因為一次好的對話兩姊妹的問題就完全解決。戰爭會一直持續，直到某一天，姊妹倆覺察爭執很不必要，有其他更好的解決方法，才有可能獲得緩解。

手足爭執，父母當然很頭痛，我也如此，在面對爭執時的情緒，真的很浮躁，只想很快的把問題壓抑下來，但後來在幾次好的溝通對話後，我發覺手足爭執幾乎可以說是老天給我修正手足關係的機會。

只要把握每一次與她們對話的機會，我總能得到兩顆晶瑩剔透的純真心靈的孩子，孩子也在這過程中，有了正向的影響。

比如有一次，我聽到川川的哭聲，當我靠近詢問川川怎麼哭了的時候，三三立刻向我自首，是她捏了妹妹。她的自首，包含了許多意義，一是勇於承認錯誤，這需要多麼大的勇氣呀！二是她知道向媽媽自首，不會得到更多的憤怒，而是會得到問

題的解決，這代表我和她的關係是非常穩固而且互相信任的。這禮物對我而言，是非常重要的。因此，我更加珍惜每一次面對她們爭執的對話機會。

但其實我不是每一次都做得很好，我也有我自己的困境與本質（原生家庭賦予我的特質）。

一如某天晚上，姊妹倆原本感情很要好的在床上玩耍，突然爸爸回來了，兩姊妹很興奮的衝下床，想給爸爸看她們當天各自得到的一枚發光髮夾。在此之前，她們彼此約定，一定要「一起」拿給爸爸看，可是問題是，髮夾當時不在房間，姊姊的放在客廳的糖果罐子上，而妹妹的根本不知道放哪裡去了。

就在此刻，川川本想衝下去找髮夾，但姊姊以為妹妹想偷跑先拿髮夾給爸爸看，於是焦急的拉住妹妹的手，拖住妹妹後她才趁亂衝去客廳拿髮夾。過了三秒，妹妹也來到客廳，但她尖叫著，要姊姊等她一起，可是姊姊耿耿於懷剛剛川川壓根沒有要等她「一起」的意思，她要以牙還牙，於是立刻拿出發光髮夾給爸爸看。

想當然爾，妹妹看到這舉動立刻崩潰大哭，一邊哭姊姊沒等她，一邊哭剛剛在床上姊姊拉她的手好痛。

上床睡覺時，川川還在叨唸手痛，一旁的三三則一直在跟我聊天。聊天之前，我問三三，是不是先跟川川說點什麼？

三三回我：「等我跟你聊完再跟妹妹說。」

我點頭，繼續聽她說話。

快入睡了，我問三三：「要睡了，你還有話要跟川川說嗎？」

三三卻對我搖頭說：「沒有。」說完就躺著要睡了。

此時此刻，我的情緒被挑了起來。我對三三有期待，三三沒有回應我的期待，所以我失落且生氣。但是我不想對她發脾氣，便轉身跟川川說：「你辛苦了，你的手很痛吧，我幫你秀秀、拍拍。」

我的身子背對著三三，雖然沒有發怒，沒有開口罵，但我知道我正用這背轉身的姿態在指責三三，以撫平我期待的落空。這時間，我慣性的姿態一直在領導著我。

果然，三三在一旁啜泣了。我心想，哭一哭也好，就讓她哭吧。

當時我很疲倦，因為前一天沒睡好，凌晨四點就被吵醒而睡不著，導致晚上異常疲累。就在我濛濛睡著時，三三越哭越劇烈，最終演變成崩潰反胃嘔吐。

我在面對她嘔吐時，情緒也來到頂點。我一邊擦床一邊不滿的對她說：「請你下去廁所吐，吐完再回來。」

三三哭著說：「媽媽，我的運動褲也溼了，怎麼辦？」（那是明天要穿去學校的制服。）

我回答：「那也沒辦法，請你去拿衛生紙擦一擦，擦完還是得穿。」（因為我當時判斷褲子沒有很溼，而且我認為她應該為自己的行為負責。）

於是，三三崩潰哭著，離開房門去找爸爸。還好爸爸還清醒，立刻幫他把褲子髒汙洗了，但三三仍舊止不住的崩潰哭泣。

我疲累的躺在床上，心情和身體都不怎麼舒坦，因為我知道我在那些行為裡阻絕了對三三的愛，而三三的渴望正是愛，我把她推得好遠好遠。

就這樣，我靜靜躺在床上，思考著該怎麼辦？去找三三回來嗎？

還好，幾分鐘後，三三憑藉她對我的愛，或者，她還願意相信我是愛她的，她回房間來找我了。

我立刻從床上坐起來，而她仍舊在哭泣，一邊哭，一邊委屈的跟我說話。不過她哭得太嚴重，聽不懂她說什麼。

我摸摸她，說：「我沒聽清楚你說什麼，沒關係，你慢慢哭，我等你，等你不哭了再慢慢跟我說，我會聽你說。」

三三花了許久的時間把情緒壓下來，悲傷的說：「媽媽，剛剛我都哭到吐了，你都沒有秀秀我，還叫我出去吐。我覺得你這樣說很不好，這樣說話很不好聽，我很難過……」

我一邊拍著她，一邊對她很抱歉。

我說：「嗯……媽媽看到你吐就很急，所以說了不好聽的話，這是媽媽的錯，媽媽跟你道歉。對不起，媽媽下次改進。」

三三點點頭，繼續說：「還有，我都吐到運動褲上了，你還跟我說，不管，明天還是要穿。我聽了也好難過……」她說到傷心處又哭了。

我點點頭。在這一點上我也覺得自己做不好，但如果再來一次，我也不知道該怎麼應對，所以我說：「媽媽沒想太多，只想到明天規定穿運動服。三三能教我下次遇到這樣的情況要怎麼處理嗎？你教媽媽！」

三三搖著頭說：「我不知道，我只知道我聽了很難過很難過。」

我說：「你是不是覺得媽媽說這種話，感覺媽媽不愛你了，是嗎？」

三三此刻覺得媽媽終於理解她的委屈了，開始放聲大哭。

我拍拍她、摸摸她的臉，說：「媽媽沒做好，讓你覺得我不愛你，對不起。但是媽媽一直是愛你的，讓媽媽抱抱好嗎？」

三三哭著爬上床，頭埋在我懷裡，我輕輕撫拍她的背。

不一會兒，她又說：「媽媽，剛剛睡覺的時候，你安慰妹妹，還不停的摸妹妹，可是你都沒有摸我，我也好難過……」

我說：「嗯，其實媽媽心情也不好，因為媽媽覺得川川很可憐，連續被姊姊捏手拉扯三次（這之前還有兩次拉扯事件），而且每次都有紅紅的痕跡，我請你跟川川好好的聊，你又不願意，所以媽媽也很生氣，可是媽媽又不知道該怎麼辦，只好自己去安慰妹妹，秀秀妹妹……但是不管媽媽多生氣，還是要你知道，媽媽很愛你的，非常非常愛你，你還是我的寶貝，知道嗎？」

三三點點頭，因為感受到媽媽的愛，所以眼淚小小的止住了。

我抱著她許久，感覺她心情平復了，我問：「你心情好點了嗎？」

三三點頭說：「媽媽我愛你。」

我說：「我也愛你，非常非常愛你。你心情好點了嗎？」

三三開心的點頭：「好多了。」

我說：「那你願意讓川川心情也好一點嗎？她這兩天被姊姊打三次，很可憐，她也覺得姊姊不愛她，她也很需要姊姊的愛，你願意愛她嗎？你願意像媽媽對你那樣，跟她好好聊一聊嗎？」

三三沉思一會兒，然後點頭。

我轉頭召喚一旁的川川：「川川，姊姊有話要跟你聊，你願意聽姊姊說話，跟她聊一聊嗎？」

川川爽朗的說：「好哇！」

剛開始川川坐得很遠，我要她換個位置，請她坐在三三正前方。她坐下來之後，身體不停扭動，不時靠在我身上，彷彿跟姊姊對看是一件尷尬的事，因為她從來沒有這樣正經的和姊姊說話。我請她坐正，專心看著姊姊，仔細聽姊姊說話。

三三開始對川川說：「川川，我不知道我為什麼一直欺負你，因為你只要一不聽話，一調皮搗蛋，我就很想打你，我想叫你聽話。我知道這樣不對，但是我沒辦法控制，就像你也沒辦法控制不調皮搗蛋，對不對？所以你一調皮搗蛋，我就很生氣的想打你，對不起……」三三說到難過處，又哽咽的哭了。

川川這時突然說：「好了啦，你不要再哭了。」

我問：「你是心疼姊姊哭太多，所以要姊姊別哭嗎？」

川川點頭。「嗯……姊姊別哭了，哭太多眼睛不好。」

我回頭問三三：「你要對川川說的話已經說完了嗎？還是還有要說的？」

三三說：「還有，就是剛剛我拉你，是因為我以為你想衝去客廳拿髮夾，想做第一個給爸爸看髮夾的人。我不是故意要拉你的，我那時候坐著，你站著，我看你快衝下去，只好拉住你，這樣我才可以衝下去穿鞋子，對不起……」

川川說：「沒關係……我其實也不會很痛……」川川展現出一貫的豪爽性格。

我問：「三三，你很棒，你能對妹妹說這麼多，真的很厲害。你想對妹妹說的話都說完了嗎？」

三三認真的想了想，點頭說：「都說完了。」

我轉頭問川川：「那你有話要跟姊姊說嗎？」

川川說：「有……就是我想跟姊姊說，不要哭了，我沒關係的。」

我說：「還有其他要說的嗎？」

川川說：「有，我還要說，其實我想跟姊姊說，對不起，我一直調皮搗蛋，害你頭很痛，對不起！」

「哇，川川你真的好棒！不但原諒姊姊，還跟姊姊道歉，你真的好棒，你怎麼能做到這麼棒的事？是因為你非常愛姊姊嗎？」

川川點頭。「沒錯，我愛姊姊。」

川川伸出手，學我在姊姊的手上摸了摸。

三三反射的把手抽離。因為三三是個肌膚敏感的孩子，除了我，她非常不喜歡別人碰她。妹妹顯得有些受傷。

我見狀立刻對三三說：「媽媽愛你的時候，就會想摸摸你。妹妹想摸你，是因為她想告訴你，她很愛你。你願意讓她摸摸你，讓她愛你嗎？」

三三點點頭，緩緩把手伸出來。川川輕輕的摸了姊姊兩下，三三也立刻摸了摸妹妹的腳。

我能感受到此時此刻，愛在我們母女三個之間來回的奔流。

於是，我做了一件以往從沒做過的事，我問川川：「你這麼愛姊姊，你想抱抱姊姊嗎？」

川川點頭。

我問三三：「川川很愛你，想抱抱你，你願意也抱抱川川嗎？」

三三也點頭。

於是我請她們一同站起來，靠近彼此，伸出雙臂，緊抱對方。當然，三三慣性的想抱一下就離開，而妹妹則慣性的想打岔。我則用雙手各扶在她們身後，讓她們維持擁抱的姿勢好一會兒，一邊說：「三三，在這個世界上，你只有這一個妹妹，雖然你總是說妹妹調皮搗蛋，但她永遠是你唯一的妹妹。失去這個妹妹，你就不會再有這個妹妹了。你要好好珍惜她，因為不管姊姊怎麼欺負她，她還是一樣愛姊姊，是個善良的好妹妹。」

兩姊妹擁抱了許久。分離時，還親吻對方的臉頰。

川川說：「姊姊我愛你。嗯嘛～」

三三回應：「我也愛你，啾～」

我們在滿滿的愛中結束了這場對話。雖然在這個過程，我不小心回到過去我慣用的應對姿態去處理三三的情緒，但在三三情緒來的時候，我立刻有覺察，覺察三三激動的情緒底下，**她只是想對我表達一件事，那就是「她渴望被愛，渴望被母親深深的愛著」**。

我愛三三，這點毫無疑問，對她的愛甚至毫無保留，但是因為妹妹被欺負，我便挾持對三三的愛，威脅三三就範（要她對妹妹好一點）。我其實對我的行為表現感到非常懊惱，因為自己又走回以前慣性的應對方式了，幸好三三願意給我一次修正的機會。

對話結束之後，三三因為床鋪吐溼了一小片，轉而去爸爸和弟弟的房間睡。離開房間時，兩姊妹隔著空氣，不停給對方飛吻，並且不停對彼此道晚安，這在從前是沒有發生過的（因為三三只願意跟我說晚安，不太向妹妹說晚安，即便妹妹對三三說了晚安，三三也只是冷冷的回應而已）。會發生這樣的轉變，一切都是因為愛充盈著她們的內心。

看著她們的轉變，我更加確信一件事，**每一次的爭執，都是老天給予我促進姊妹倆關係更加緊密的機會，過程中我只需要「傾聽」＋「引導」，且目的地永遠都指**

向「愛」，那麼姊妹倆在教養的路上，就不會走偏，而我只要注意，在每一次處理姊妹爭執時，我是不是又不小心回到過去那個慣性的自己就行了。

修正好自己的應對姿態，我也就能更坦然的面對姊妹之間的爭執。

惱人的慣性應對姿態

某個天氣陡降的一週，三三屢屢睡過頭，連上學都遲到，因此沒空練琴。週六一早，我要求她練琴，因為一週沒練手感生疏，再加上練新的曲目讓她格外痛苦，於是她不時發出哭泣和抱怨聲，不停的對我說：「我不會，我為什麼要再一次？我不想練了。」

面對抱怨的情緒，我的語氣一開始還是：「就是不會才要學，你已經會看譜了，慢慢算，總是會對的。」但三三的負面情緒實在太強大，惹得我的情緒也不自覺的上來，於是我說：「要學琴，就得練琴，不然就不要學了。你一直哭一直叫，對學琴不但沒幫助，也惹得我很不舒服，搞得我現在很生氣！」

後來，我帶川川和一一下樓拿羊奶，留三三一個人在家裡練琴。

說也奇怪，我一離開後，家裡就沒再出現鋼琴聲。回到家，打開門一看，三三正在畫畫。

我看著三三，問：「怎麼在畫畫？不是應該要練琴嗎？」

三三突然抬頭跟我說：「媽媽，我不想學琴了，所以不用練了。」

面對三三的拒學，我的慣性姿態瞬間湧上腦門，占據所有的心思。我善於反諷的激將法，於是說：「真的嗎？太好了！我終於可以不用再逼你學琴了！也不用累死人的再帶你去上鋼琴課，所以你真的想清楚了嗎？」

三三點點頭，表示想清楚了。

當我發現我說的激將話術絲毫沒有動搖三三的意念，我氣惱的往上加碼說：「那你以後不能碰我的琴哦，因為那要留給願意學琴的孩子。」

一旁的川川立刻說：「媽媽我可以碰嗎？」我爽朗的回著：「可以。」

在不停往上加碼反諷和激將的過程，三三都只是噙著眼淚，壓抑著情緒。即使有小小的不甘心，但她始終壓抑著情緒，堅持著不學的決定。

過程中，我沒有覺察，只是不停的往上加碼反諷和刺激的力道，諸如「鋼琴是留給學琴的孩子的」、「沒去學琴的日子得去褓母家」等等。

等我覺察到自己的行為和語言應對時，覺得自己真糟糕，因為**反諷式的激將法是我過去慣用的應對姿態，一時情急下，我又走回老路了。**

這場反諷的角力賽，我輸得徹底，不僅輸了孩子，更輸了對彼此的關愛與信任。

我嘆了口氣，要說現在比過去好的地方在哪兒，可能是覺察的能力比較快吧，但此時此刻我心情極度不佳，還是得花一些時間沉澱一下。

我同三三說：「你不想學琴，媽媽知道了。媽媽現在心情不好，得進房間休息一會兒，你和妹妹在客廳玩吧。」

回到房間，我細細審視自己的感受。在感受層次，我覺得我受傷了，因為我努力陪著孩子去學琴的時光都白費了。我彷彿看見我陪伴孩子的意義與自我價值趴在地上。我在房裡感覺寒冷，那種冷就像失戀一樣，真是不可思議。但是我明白，我還是非常愛孩子，不管她學不學琴，我都愛她，只是剛剛情緒上來的時候，我把學琴和愛她劃上等號了。

沉澱了一會兒，我決定把學琴和愛她這兩件事，徹底區分開來。

我喚了三三進房，嘆著氣說：「剛剛媽媽說話不怎麼好聽，真是對不起，因為媽媽聽到你不學琴就心急了。其實媽媽很希望你學琴，但是媽媽知道，你不學，一定有你的理由，媽媽願意尊重你。你能告訴媽媽，你為什麼不願意再學琴了嗎？」

三三怯懦的說：「我其實還是好想學琴，也好想練琴，可是今天練琴一直被媽媽罵，我就不想練了。」

因為我用自然又不帶責罵的口吻，三三如實說出內在的恐懼和原因。她把害怕被罵和學琴這兩件事綁在一塊兒了。其實她是想要學琴的，我應該更早就幫她釐清，而不是把時間浪費在激怒對方的言語上。

確認好三三是真的想學琴，我很快和她討論，下一次，如果我們又在練琴的關卡上起了爭執，應該針對問題「媽媽很兇，希望媽媽溫柔一點教琴」以及「三三學不會，在抱怨之前，先告訴媽媽不會的地方是哪個音，而不是一直說不想學了」直接闡明，而不拐彎抹角的把問題和另一件事情綁在一起，行威脅的手段（其實三三說不再學琴，也是希望媽媽能在練琴時溫柔一點，但媽媽沒看見背後的語意，彼此錯失了溝通的機會）。

溝通很難，其實不是難在對方無法溝通，而是難在自己無法覺察問題核心在哪兒。釐清了問題，別綁架了其他的事物，因為威脅或激將的語言，只會把彼此逼向絕境。

惱人的慣性姿態，在我學習溝通的路上，會不時的回來找我。有時候我覺察得很快，在問題開始前，就發現自己走偏了；但是有更多時候我覺察得慢，整條路都走歪，才發現自己怎麼又這樣！

還好，不論什麼時候覺醒過來，**我對孩子的愛永遠不變，愛的基礎穩固，覺察就永遠不會太晚。因為愛會一次又一次的，把我和孩子的距離持續拉近。**

「練習」啟動覺察

「我改變，孩子就會改變，但是到底要花多久的時間才能看到成效？」

「我要怎麼在情緒來的時候啟動覺察？」

「情緒來的時候該怎麼讓自己停下來，避免讓自己做出憾事？」

這是目前最多人詢問我的三個問題。

關於第一個問題，我的答案是：「**教養是一條需要靠時間累積的漫長道路，不是今天你打出什麼特效牌，立刻就能收到成效，因為教養不是為了改變孩子所使用的道具，而是以親子關係更融洽做為目標，努力向目標邁進的一個過程。**」

至於第二和第三個則是同屬一個問題，答案是「**只能努力去『練習』啟動覺察，讓自己身體記住那機制**」。

這聽起來有回答跟沒回答一樣，尤其剛開始下定決心要嘗試覺察的父母，特別難進入。但學習就是如此，我們從襁褓中的嬰孩慢慢長大，也在適應世界的生活，一切都是嶄新的學習，一旦學會了吃飯用筷子，打噴嚏要摀嘴巴，騎腳踏車不需輔助輪，這些能力久而久之就會成為一種習慣，並且會內化成一種反射機制，一旦需要派上用場，就會反射出適當的反應。

舉個簡單的例子。

三三對妹妹說話的方式，一直是銳利且傷人，為此，我經常在這個點上和三三進行工作。我希望三三在言語表達上溫暖且和善，因此我針對這個點工作的時間已經好久，久到我已經記不住到底有多久了。中間的過程一直是震盪的，沒什麼起色，但因為我對這件事沒有設時限，對三三也沒有抱以高度期待來壓迫她，只是在事件發生時提點她記得用正向語言和妹妹對話。因此，在我沒有期待的情況下，我對此事就沒有太多失望的情緒，只是一直默默耕耘，期盼用自身正向的說話方式，影響孩子的習慣。

「環境」一直是個會影響人的習慣、姿態，甚至是情緒的重要成因，尤其家庭環境影響更是劇烈。

之前發生過一件小事，三三在才藝課因為肢體表現突出，受到老師稱讚，這本來是很開心的一件事，但三三下課後卻跟我說，她很難過，因為有個很要好的男同學在老師誇獎她肢體漂亮時，突然說：「醜死了！」三三很生氣的回說：「你很沒禮貌耶！」但男同學也回嘴：「你才沒禮貌。」

孩子間的衝突，我一直都樂觀看待，而且三三的這個男同學是我從小（三歲）看到大的孩子，我很理解他的性格與個性，知道他不是存著惡意，只是他習慣如此，一遇到事件，慣性的就說負面觀感，反射性的先說反話，其實話語裡根本沒有那個意思。因為是我很熟的孩子，他母親也是我要好的朋友，所以我把此事向他的母親提醒，並且說明，我不在意孩子之間的話語，但是如果她和我有相同的想法，希望自己的孩子多學習正向語言，倒是可以慢慢提醒孩子說話的方式，修正孩子說反話的慣性。

我向孩子的母親核對孩子負向的語言習慣，是否來自於生活中家庭的應對模式向來如此。這位母親回想過往，驚訝的表示確實如此。這些負面的說話習慣，都充斥於他們的家庭生活中。

這孩子和三三同齡，今年六歲，想修正這孩子的說話方式需要花多久，我無法準確給出一個時間。畢竟，我在這個點上和三三一起工作了好久，一直沒看到曙光，只能持續用正向的語言陪伴三三，並且抱以無限的耐心，守候三三的覺察能啟動。

就在那之後，三三和川川姊妹倆發生了一件爭執的小事，竟然意外的讓我捕捉到曙光！

兩姊妹當時為了一個拼圖在爭執。拼圖原本是三三的，但在整理家庭環境時，我經三三同意把拼圖送給川川，但隔天三三反悔了，執意把拼圖拿回去，惹得川川悲傷哭泣。

對於三三反悔把拼圖拿回去的行為，我是不認同的，但我也知道人隨時都有反悔的情緒，這很正常，因此我也不想強迫三三遵守約定，但面對川川的哭泣，她有她的委屈和難過，我也理解，因此我對川川說，將來看到一樣的拼圖，我會幫她再買一份來補償她今天的損失。

川川聽到可開心了，立刻奔到姊姊面前，對姊姊得意又炫耀的說：「媽媽說要買一個新的拼圖給我，我有新的拼圖，你沒有！」

姊姊聽到立刻湧現出委屈的眼淚。一來妹妹講話刺激她，讓她心裡不是滋味，二來是因為她也想要有新的拼圖，她不想讓妹妹獨享新的拼圖。

三三越想越難過，來向我訴說她的渴望（希望有新拼圖）。她問我，如果她把拼圖還給妹妹，我能不能把將來新買的那份給她。

我很坦誠的對三三說，沒辦法這麼做，因為那份舊拼圖還嶄新的時候，是三三擁有的，而我會答應再買新的給川川，純粹是因為三三反悔了。我既不想強迫三三把拼圖交出來，又不願見到川川失望，權衡之下，才會答應買新的拼圖。

三三聽完，委屈的情緒如湧泉滔滔奔流。她說，她還是覺得很難過，除了不能擁有新拼圖之外，還要忍受妹妹對她說話無禮，讓她非常痛苦。

這部分的情緒我是理解的。我拍拍她，要她自己向妹妹表明感受，開啟和妹妹溝通的管道，並且提供她說詞上的一點建議。我說：「你可以跟川川說，你這樣說讓我不舒服，讓我很難過……」

沒想到三三搖搖頭，她說：「我已經想到我要說什麼了。你陪我去，我可以自己跟她說。」

於是，我牽著三三的手，來到川川面前。川川當時低頭在玩其他玩具，我輕拍川川的肩膀。我說：「川川，姊姊有話想跟你說，你願意給姊姊一些時間，聽姊姊說說話嗎？」

川川豪爽的放下玩具，看著姊姊。

這時，三三突然哽咽了起來，她說：「川川，我想跟你說對不起……」

我訝異的看著三三，不明白她為何道歉，只聽她繼續說著：「對不起，我知道你不是故意要對我說那些話，你會說那些話，其實都是學我的，因為我以前說話就是這樣不好聽。我以前那樣對你說話，你當然就學起來這樣對我，所以我要跟你說對不起，都是我不好……」說完，三三埋首在我身上，哭得傷心。

聽到三三這樣說，我內心是震撼且激動的，我並不清楚三三是怎麼在複雜的情緒下啟動了覺察，甚至還停止對川川的憤怒，這是連大人都很難去學習的。但三三在衝突發生的幾分鐘裡，把過往一切我使用過的好的應對姿態，內化成她的姿態，並且在衝突發生時很自然的做出反射動作。這就是我一直在企盼的目標！

等待這一天，我已經想不起來到底花了我多少時光。是一年？還是兩年？但不管多久，我還是守候到了，這一刻是多麼讓身為母親的我感到驕傲與感動。

三三的示弱，並不會換來妹妹的訕笑，相反的，軟弱會帶來最大的剛強。川川聽了姊姊這麼說，立刻改變原本敵對的姿態，因為姊姊變柔軟了，川川的應對姿態也會跟著變柔軟。川川這時急著跟姊姊說：「姊姊，對不起，我不應該那樣說話讓你傷心，之後媽媽買給我的新拼圖，我分享給你玩，你原來的拼圖都不用分給我沒關係。我的分享就好了，好不好？」

我深深擁抱著兩個女孩，立刻給予她們正向的欣賞，讓她們的柔軟都有了價值，並且給予無限的力量。

我深信，每一次的衝突，都是改變慣性姿態的契機；每一次的契機，都給予正向

的欣賞，孩子就能從欣賞中產生自信與力量，覺察也就會在沃土裡發芽生根。如此不停的反覆這些好的應對模式，不只孩子，甚至父母自己，自然而然就會將此模式內化成一種習慣，當下一次衝突又突然到來，情緒又在驚濤駭浪的波濤中翻滾時，覺察不知不覺就會被啟動，反射出正向的應對模式。

在「覺察」還沒內化成我們的反射習慣之前，我們能做的，只有不停的「練習」這一途徑，別無他法了。

陪孩子走過憤怒的情緒風暴

和我一起育有同齡幼兒的媽媽，見了我就問，孩子崩潰生氣該怎麼處理？

我看著她，誠懇的跟她說，我家川川今年四歲，她從兩歲開始就一路崩潰到現在，至今已經崩潰兩年了。

朋友瞪大眼睛，不可思議的看著我。「兩年！會不會太久？你不是很有辦法嗎？怎麼不處理一下？」

面對朋友的疑惑，我只能回答，**不是每件事情都需要處理的，也不是每件事情都能處理得了，但不管是處理還是不處理，有件事情是不會變的，那就是陪著孩子走過情緒風暴的態度。**

像是日前我們帶著孩子開開心心出遊，回來路程中，孩子累了，在車上睡一會，到家時，川川沒從疲累中恢復，自然又哭又鬧又尖叫又崩潰，嚷著要媽媽抱。

我說，我只能抱她下車，因為我有很多行李必須扛在身上，如果她還需要更多抱抱，晚上睡覺時，我承諾多抱她一會兒。但川川堅持要我當下抱她回家，我自然沒能做到，於是她就一路崩潰，邊走邊哭邊罵：「臭媽媽！媽媽壞壞！」

旅行回來，每個人都累壞了，我也是，所以我選擇先安頓好自己，至於川川的情緒，只能先拋在身後不理。

因為得不到媽媽的回應，川川的情緒更憤怒，崩潰的聲音變成咆哮。

我一邊收整行李，一邊觀察川川，一邊想著該怎麼樣在我的狀態裡給予川川好的回應？想來想去，還是覺得自己挺無力的。因為我的狀態不好，所以我很清楚知道自己沒辦法用好的情緒面對川川，所以面對川川的憤怒，我選擇緩一緩再面對。

我跟川川說：「我知道你很生氣，但媽媽現在很累，我需要休息，沒辦法在這時候陪你。如果你還是很生氣很想哭，那你在這裡生氣一會兒，等我狀況好一點再來陪你，好嗎？」

川川聽了我的話，依舊憤怒，依舊咆哮。

這時爸爸走過來，見川川還在生氣，開口問：「川川說誰壞壞呀？我幫你打那個人的屁股！」

我打岔說：「川川說我壞壞，快來打我吧。」

爸爸假裝打我兩下，我吃痛的假裝哭著。川川這時伸手過來安慰我。原以為川川的情緒這就要過去了，但是安撫我之後還是一樣憤怒，不停罵著：「媽媽壞壞，臭媽媽！我討厭媽媽！」

我可以感受到川川對我的愛，也可以感覺到她的憤怒是因為不知道該怎麼跟我溝通，只能用生氣的方式來跟我對話，但長時間面對川川的壞情緒，也許是精神和體力都處在耗弱的狀態吧，所以我知道我早已沒了最初的耐心。

我蹲下身子，看著川川，用一種非常徐緩的語氣，認真的問：「川川，你真的這麼討厭我嗎？」

川川點頭。

我又問：「媽媽真的這麼壞，讓你這麼討厭？」

川川眼眶紅了，遲疑的點點頭。

因為看見川川的眼淚，我知道她是愛我的。

我說：「我愛你，不管你怎麼討厭我，我都愛你。」

川川聽完我的話，斗大的淚珠掉了下來。她走上前抱著我，親我的臉，跟我說：「媽媽，我愛你。」

我跟她說：「那你還會說你討厭我，說我是壞媽媽嗎？」

川川搖頭說不會了，因為她很愛我。

我跟她說，每一次聽到她罵我是壞媽媽、臭媽媽，我都很難過，我也順便告訴她，沒能抱她回家我很抱歉，因為我有很多行李要拿。我問她，還會因為這件事情對我生氣嗎？

川川表示不會了，她知道我有很多東西要拿，她原諒我了。

離開房間前，我問她，萬一下次媽媽還有很多行李要拿不能抱她怎麼辦？她爽朗的說，不會用生氣的方式啦！她會自己好好用走的。

川川說完，歡快的離開房間去找姊姊玩耍。

在這個這麼小的事件裡，雖然一開始我不知道該怎麼在情緒不好的狀態面對川川的情緒，但其實我已經不知不覺用了好幾種應對方式在面對川川，然而得到的結果一樣，都是「更憤怒的川川」。我把整個過程的應對，整理如下：

一、超理智的應對：我不理會川川的崩潰，選擇先安頓好自己，將川川的情緒先拋在身後不理。（我當時期待川川會自己覺得沒趣不哭，但結果恰恰相反，川川越哭越憤怒。）

二、指責＋超理智的應對：我知道你很生氣，但媽媽現在很累，我需要休息，所以沒辦法在這時候陪你，如果你還是很生氣很想哭，那你在這裡生氣一會兒，等我狀況好一點再來陪你，好嗎？（我當時其實想做的是一致性的對話，把自己的狀態和感受說出來，也表達自己很關心她的心意，沒想到說出來的重點卻變成在訴求自己也很累的感受，並且要川川想哭就繼續哭的超理智對話得到的結果，當然又是繼續崩潰憤怒的川川。）

三、打岔的應對：爸爸走過來開口問：「川川說誰壞壞呀？我幫你打那個人的屁股！」我打岔的說：「川川說我壞壞，快來打我吧。」本來想轉移焦點讓川川不再生氣，沒想到川川只是稍微安撫我被打的地方，依然生氣。

以上這三種方式，是我慣性不自覺的應對，得到的結果都不是太好。**只有真正的聆聽和對話，才能讓孩子感覺到父母真正的陪伴。**

至於川川已經慣性崩潰兩年了，該怎麼辦？只能說，**在反覆聆聽與陪伴的環境下，她終究會長大的，而在愛的陪伴與有安全感的狀態下長大，她往後的生命狀態就會產生出非常多的養分供她日後汲取，這是值得投資的時光。**

暴力的教育，只會模糊問題的焦點

在社團群組裡的一個媽媽，述說她的兩歲孩子在玩耍時，居然咬了同儕玩伴的手，她焦急詢問大家該怎麼教育兒子或怎麼處理？

群組的媽媽們紛紛丟出方法，而且不約而同的說出同樣的答案：回家也咬一口兒子的手，讓他知道這樣做對方有多痛！讓他明白咬人是不對的。

大夥兒說完答案，紛紛要我出來回答，想知道我會怎麼處理。

當時我在開車，路上小憩的時候回了簡單的訊息，表示無論怎麼處理，都不會用以暴制暴的方式來教育孩子。

其實，我能懂媽媽們所說「也咬孩子一口」的心情與想法，因為，我未曾說出口的是，在三三兩歲以前，我的教育就是打罵教育。那時收到的效果只有一時，也就是瞬間壓制住孩子的行為，卻累積出孩子恐怖的性格。三三在兩歲的某一天，突然變成一頭野獸，對著我用盡全身力氣咆哮，那時我才徹底醒悟，孩子永遠是對的，她展現出來的行為，我必須負起絕對的責任，因為我就是用了打罵的教育，才養出這麼個情緒怪物。

幼兒的成長，是一個安全感培養的黃金期與探索世界、與外界連結的冒險期。他們不知道什麼是正確的行為，一切都需要仰賴父母的教導，這時如果使用了打罵或以暴制暴的方式，孩子學到的會是什麼？

讓我們來想像一個畫面。有個孩子被困在一個迷宮裡，孩子終於來到最後的關卡，只要挑戰成功，就能離開迷宮。現在，孩子的面前有著十道門，其中只有一道門是通往外界的道路，但是只要開錯門，孩子就會遭到各種懲罰，例如被亂棒毒打、被潑水、被踩腳、被掌嘴……。現在問題來了，如果你是這個孩子，你已經開錯了八道門，被用各種方式凌虐了八次，現在只剩下兩道門。在你決定是不是要繼續冒險開門的同時，我們先來檢視一下已經被凌虐了八次的你，在這之中學到的是什麼？

一、不敢再冒險開門了。（不敢再對外頭世界感到渴望和好奇。）

二、憤怒。（被凌虐之後，下定決心出去以後也要用這方式來毒打全世界。）

三、恐懼。（對任何事都感到懼怕，變成一個膽小的人。）

這個問題，和父母教養孩子很相似。我們對孩子的教養應該採簡單、明確、清楚的方式，明明父母只是要傳遞「打人、咬人不對」這個簡單訊息，但往往在教育的過程用了奇特手段（例如咬孩子），因此孩子得到的資訊就很混亂，例如：「媽媽生氣了」、「我被咬」、「我也很生氣」、「媽媽不愛我了」……

因此，**慣性用打罵的方式來教育孩子，孩子學到的是什麼？答案無疑的，就是「暴力」**。

當父母原本要傳遞的答案是「打人不對」，就會被父母自身的打罵行為稀釋掉。

我想起二十歲那年，我的哥哥為了要教訓我不上進，說話不得體，行為有偏差（其實事隔多年，我已經淡忘主因到底是什麼），因此長達一年的時間，他都不跟我說話。每每我在家的時候，他都以冷眼來看著我，我們那一年幾乎沒有交談，我不知道自己是怎麼活過來的，我只知道那是一段很長的恐怖時光，因為我不敢和哥哥同處在一個地方，只要他在客廳，我就絕對不會出現在那裡。總之，我對於他，就是避之唯恐不及的狀態。

如果問我，當時學到什麼教訓，我只能說，我的感受是：憤怒且莫名其妙，我又沒做錯什麼事！

是的，我完全不知道我哥哥到底想表達什麼，我只記得當時的哥哥，簡直是自以為是的恐怖外星人。

但為什麼哥哥有話不好好用說的？直接告訴我要我上進就好啦！我想，可能是因為哥哥覺得冷漠不說話，讓我覺得恐懼，是教訓我改正的最好辦法，但天知道我根本不知道他行為背後到底想表現什麼訊息！

因此，打罵，也許在事件發生當下，看起來是最快速有效的方式，但對孩子長久的發展來說，他們學到的永遠不是我們想請他改正的訊息，他們學到的永遠是情緒暴力的堆疊。情緒在孩子體內滋長，會變成一枚恐怖的地雷，我們永遠不知道會在哪個點、哪個時間爆破。**情緒壓迫下的孩子，有可能變成情緒怪獸，也有可能會變成內縮不敢探索世界的孩子。不管是哪一種，都不會是我們想要的。**

現在的一一正值兩歲的恐怖幼兒期，他每天看到喜歡的二姊川川，就會把手上的玩具砸向二姊，不然就是把自己的玩具推車駛向她，以撞倒她為樂，這是他表現「開心」、展現「喜歡」二姊的行為。如果要用以暴制暴來教育一一，那一一現在可能會被二姊打得傷痕累累。

只能說，幼兒打人或動手或咬人，都是一個過渡期，一如不會爬的孩子學不會走路，過程間都得一步步的經歷。父母無法求快，只能以溫和的方式，一次又一次的告訴他這行為是不對的，然後陪著他一起建立起觀念和習慣。**長久浸潤在父母溫和的溝通下，孩子不但能學會父母給予的觀念，而且會從中學到很棒的應對模式，長大後便能擁有穩定的情緒，以及珍貴的好的溝通模式，這都是父母好的教養讓孩子無形中學習到的資產。**

練習3

超越情緒，做自己的主人

負面情緒，是親子關係的殺手！

「情緒」是微妙的東西。任何事情只要牽涉到情緒，簡單的事會變複雜，原本可以輕易解決的小問題，都會變成無法挽回的大事。

學會解析行為與情緒的關係，就能理解該如何與孩子應對。

不要讓情緒成為教養的頭號殺手

在親子教養與溝通的關係中，最不需要的東西，就是「情緒」，這裡特別針對的是「負面情緒」。

情緒真的很微妙，任何事情，只要牽涉到情緒，簡單的事都會變複雜；原本可以輕易解決的小問題，都會變成無法挽回的大事。之所以會這樣，那是因為**情緒影響判斷，牽動大腦指令，做出連我們都想不到的瘋狂的「行為」**。

舉個實際案例，就可以知道「情緒」在教養之中，是多麼壞事的殺手。在美國加州，有個父親獨立撫養四歲女兒。父親很愛她的女兒，為了讓女兒得到溫飽，他靠開大貨車為生。貨車因為是生財的工具，所以爸爸每天都會把貨車擦拭得非常潔亮，贏得不少顧客的賞識，因此得到更多工作。

為了賺錢，一週之中，爸爸總有個兩、三天需要長途開車，奔波送貨，沒有辦法回家過夜，為了照顧女兒起居，女兒就跟著他一起在貨車上生活。

一次結束長途送貨回家，爸爸很快把貨車清洗乾淨，打上蠟，跟新的一樣。擦完車，爸爸累了，回房小睡一會兒，沒想到一起床，竟然看到女兒拿堅硬的石塊，在他貨車鋼板上亂畫一通。爸爸盛怒之下，為了教訓女兒調皮搗蛋的行為，就把女兒的手用鐵絲捆起來，關在倉庫裡置之不理。

四個小時後，爸爸氣消了，想起女兒還被關在倉庫，趕忙去看女兒，結果女兒的手因為被鐵絲捆太久，手掌壞死，送醫後遭到截肢。

事情發生後過半年，爸爸送廠板金烤漆的貨車被工人開回來了。女兒看到貨車如嶄新的一樣，好開心的跟爸爸說：「爸爸，我本來是想幫你把車子打扮漂亮一點，所以才在你車上畫畫……真是對不起。還好工人把你的車修理好，恢復得跟原來一模一樣了，真是太好了。那麼爸爸……你可以把我的手還給我了嗎？」

爸爸一聽，羞愧得不能自已。

車子壞掉能修理，但孩子的身體壞掉，就算賠上他的命，再怎麼修理，女兒永遠也無法恢復成原來的樣子了。

這也是我後來悟出**教養孩子時一個重要的信念**，**那就是「沒有生命危險，不與生命相抵觸的，都是小事。」**這成了我的提醒詞。每每面對孩子崩潰、哭泣，引發我的情緒不自覺上升時，我會把這句提醒詞在心裡默唸幾遍，然後彷彿換了一種心境似的，再回過頭來看待同一件事，情緒自然比較放鬆，也比較容易和孩子對話。

雖然情緒是身為一個正常人必備的感官反應，但在無理智的助燃下，很容易讓人做出無法挽回的行為，這就是為什麼**「情緒」在教養中，是最不必要的元件，而且往往情緒一出來，就會出現更難收拾的局面**。

解析行為與情緒的關係，就能理解該如何與孩子應對。

「情緒」憤怒、激動，做出來的「行為」就容易失去理智。「行為」一脫序，原本可以很快處理的親子關係，馬上變成戰場，然後雙方演變成在情緒上對抗。

身為父母，一定有過類似的經驗：一早急著要出門，但是孩子磨磨蹭蹭，越趕他，他就越慢，最後父母終於受不了，開口大罵孩子。孩子被罵了，心情不好，就乾脆賭氣坐在椅子上不動。父母看到孩子不肯動，更惱怒，順手揍了孩子。

然後呢？父母得到他想要的結果了嗎？

當然不！

最後的結局往往是揍完之後，小孩的情緒也到了沸騰點，於是父母得到的不是一個聽話乖巧的孩子，而是一個又哭又叫又崩潰的猴子。然後原本只是差點遲到的父母，最後卻演變成上班大遲到。

情緒就像是化學反應因子，把它投進教養的關係只會得到一片混亂。**父母的情緒越穩定，親子關係也會越順暢。因此當父母在盛怒之下，記得覺察，先給自己一點空間冷靜，任何決定都等情緒平穩之後再實施會較為妥當。**

只是，如果情緒憤怒的起點不是來自父母，而是孩子，**面對情緒崩潰的幼兒，又該如何應對呢？方法只有一個，那就是要「貼近孩子的感受」，陪孩子走完情緒的歷程。**

我想起有一天，我買了一雙帶紅花的漂亮涼鞋給三三，三三高興得要命，直嚷嚷她太幸福、太開心了。那天，為了謝謝她在家裡幫我許多忙，原本承諾她晚上等爸爸回來，一家人可以去外頭用餐，可以去戶外玩竹蜻蜓，然後去坐她們喜歡的遊戲機，再去買一份她們自己挑的小禮物。結果那天晚上，我們只完成了兩項（在外用餐，玩竹蜻蜓），剩下的兩項因為時間太晚，又被媽媽臨時的決議耽擱了一下，三三想玩的那款遊戲機居然被斷電不能玩；而最後一項則因爸爸身體不舒服，取消了買玩具的計畫，一行人得回家休息。

倔強的三三聽到這項決議就崩潰了。這兩項因素都不是因為她的緣故，而是爸媽造成的。從不在外面哭泣的三三，當下悲傷大哭了起來。

三三很悲傷，我能理解，因為我也曾經是個孩子，能理解期待好久的事情卻落空的感受。但礙於現實，孩子必須接受現狀，無法因為她狂哭的行為就改變任何事。這一點，我必須讓孩子知道。

在三三哭了好一會兒之後，我牽著三三的手，說：「你哭這麼傷心，媽媽知道你一定很難過吧？」

三三點點頭。

「因為你一直期待要坐遊戲機，一直期待要去買禮物，已經期待了一整天，卻因為媽媽和爸爸的緣故變成不能實現了，所以才這麼憤怒，這麼傷心的大哭。」

三三說：「嗯，我真的好難過哦，媽媽。」

「我知道，肯定是非常難過的吧，否則你不會在外面哭的。」

「對啊。」

我說：「媽媽答應你，下次我們來到這個地方，一定先去坐你想玩的遊戲機，然後去挑你要的禮物。」

在這之前，我與三三已經建立起非常好的信任關係，她知道我是一個信守承諾且言出必行的媽媽，因此當我這麼說的時候，她能感受到我的真誠，而不是我隨口說的推託言詞，因此在信賴之下，三三很快接受了我的諾言。

但她實在有太多的期待沒被滿足，情緒一時無法好轉，所以不死心的又問：「媽媽，遊戲機現在不能玩了我知道，但是買禮物不能是現在嗎？我想現在就去！」

我邀請三三回頭看看她爸爸，爸爸已經因為身體極度疲累和不舒服，臉部呈現出痛苦的難色。

我說：「你覺得爸爸這樣，是想趕快回家休息？還是去買禮物？」

三三說：「應該是想趕快回家休息吧。」

「我也覺得爸爸現在需要趕快回家休息，所以禮物我們只能等下一次有時間再買了。媽媽記性很好，會記得要帶你和妹妹去買禮物的。」

三三點點頭。「好，媽媽，那我們回家吧，只是媽媽……」

三三話還沒說完，又悲從中來的哭了。我猜想，此刻三三想必是理智和情感在打仗，理智知道應該回家，但是情感上還沒放下。

坐上車，我讓她又哭了一會兒，沒想到她越哭越傷心。

於是我邀請三三，想想今天發生了什麼美好的事情。

三三很快回答：「我今天收到一雙超美的鞋子，謝謝媽媽，我好開心哦。而且只有我有新鞋子，妹妹都沒有，爸爸媽媽也沒有。」

我說：「真的耶，今天你真的好幸福呢，可是你看，現在你哭得這麼傷心，妹妹沒有坐到遊戲機，也沒有買到禮物，更沒有新鞋子，可是她沒有哭耶，這是怎麼回事呢？」

三三無語，陷入沉思之中。

妹妹川川這時候加入對話，她用稚嫩的聲音說：「沒有坐到就下次來坐，沒有買到禮物就下次來買，又沒有關係，對不對，媽媽？」

我說：「很有道理，遊戲機不會跑，禮物也不會不見，我們下次再來就好。三三，媽媽知道你很傷心，也哭了好久，但是你這樣一直哭，媽媽的心情也變得很糟糕，所以三三，現在媽媽要你想想看，媽媽開車要回家了，你覺得你要這樣一路哭回家然後媽媽心情變糟糕，還是要慢慢想著你至少今天有出去玩竹蜻蜓，有收到新鞋子，慢慢變開心回家比較好呢？」

三三思考了一會兒，說：「要慢慢變開心比較好，因為我還有新鞋，還有其他很多東西，妹妹卻什麼都沒有。」

此後一路上，三三轉念正向，慢慢把悲傷的情緒拋開了。

孩子情緒來的時候，經常會引發行為脫序的狀態，此刻若我也跟著孩子的情緒一起起舞，肯定天下大亂。

父母的情緒若穩定，孩子的應對也會相對穩定。遇到問題，以陪伴、同理、轉念，讓孩子學習正向的思維，親子關係也將更為穩固。

放手，讓手足相處

生養了三個孩子，在老么一一還沒能行動自如前，我總是想著，這美好的時刻要好好把握，因為一一都還沒真正加入三三和川川吵鬧的行列，家裡就已經在處處是哭聲、處處在戰火的熱鬧中，等一一真正加入還得了。

面對三三和川川吵架、哭鬧、打架，基本上我已經很習慣且處之淡然，但在見怪不怪之中，我也得時時刻刻覺察自己的位置，這是比較需要練習的一點。畢竟父母**不是審判官，如果輕易用自己的「觀點+情緒」來判斷，往往等於「引發戰火」**。什麼意思呢？

手足互有摩擦很正常，向父母討救兵也很正常，但是父母若視自己為正義的化身，用情緒化的態度來指責（審判）孩子有罪，那麼孩子不是被壓抑，就是會引發更多憤怒的情緒，於是家庭就會成為一次次的爆炸現場，每個人都會傷痕累累。

前幾日，妹妹川川用了姊姊三三的打氣筒吹氣球，三三知道後，開始教育妹妹要感恩。

三三指著氣球說：「川川，你知道這顆氣球是誰幫你吹的嗎？」

川川說：「是媽媽幫我用打氣筒吹的，所以是媽媽吹的！」

三三說：「不是媽媽，因為是用我的打氣筒吹的，所以是我的打氣筒幫你吹的。現在你知道要跟誰說謝謝了嗎？」

川川想了想，意會過來，跟姊姊說：「謝謝姊姊。」

三三聽了搖頭說：「不是謝謝我，是要謝謝我的打氣筒。」

川川點點頭，說：「謝謝姊姊的打氣筒幫我打氣。」

三三聽了還是不滿意，搖頭說：「不要對我講，應該對著我的打氣筒說。」

三三把妹妹推到她放打氣筒的桌子前，說：「來，要跟我的打氣筒說什麼？」

川川說：「謝謝。」

「不是這樣，要鞠躬彎腰，像這樣。」三三示範標準動作讓妹妹看。

川川立刻照著做，並說：「謝謝打氣筒。」

三三伸出手壓著妹妹的頭，說：「不夠低，要低一點，再低一點。」

身為母親的我，當時就坐在他們身後，看著三三壓著川川的頭，不停的修正鞠躬低頭的姿態，這樣的方式，遠遠超出我覺得「合理」的容忍度。以一個旁觀者的眼光，我深深覺得三三已經到了欺壓的地步，而不是心存善意的教導。

此刻，我承認我的情緒已經像熱火煮水，到了滾燙的發怒狀態。

我幾度很想站起來大聲訓斥，教育三三說為人長姊不該如此欺壓妹妹，應該做人敦厚，對手足友善……等等。

每當我快要出聲時，我屢屢反思自己到底是用什麼立場來責罵三三？

經過幾次呼吸、整理心緒之後，我觀察川川在這個過程裡，不但沒有露出一絲不舒服，反而覺得很好玩，一直開心的笑著。那麼，我剛剛滿腔的憤怒究竟是為了誰而發？是川川？還是我自己？

覺察之後，我明白那憤怒，是用我自己的生命過往經驗做投射，加入自己以前不愉快的經驗所得到的結果。

於是我明白了，我們一直以為自己是無所不能的大人，自己是公平與正義的化身，是孩子王國中唯一的仲裁者，所以我們總是很輕易的介入孩子的世界（戰爭），然後很希望每一位孩子都受到公平良善的對待，於是我們開始用自己的觀點來加入戰局。最後，我們只會得到一堆更混亂的爆炸現場，以及被壓抑（或更爆炸）的孩子們。

理解了這些之後，我沒有介入她們之間的應對，只是靜靜坐在一旁，看著三三一直教導川川關於禮貌的態度。直到結束前，她們和睦且開心的對著彼此笑，這是多麼棒的一幕呀！

我慶幸自己沒有貿然的用情緒去加入她們的世界，才能看到這麼和諧的風景。

與情緒共處，接納不完美的自己

有一天，一位朋友來訊問我，她總是對孩子發脾氣，就算想好好和孩子溝通講道理，孩子也不聽，怎麼辦？

我一聽到「講道理」三個字，眉頭就慣性微微皺起來，不過說起發脾氣，我倒是很有感。

其實媽媽也是個平凡人，情緒是老天爺贈與的，不管是開心、憤怒、快樂還是難過，都會在漫長的一生之中交替上演，所以一個母親要同時面對那麼多繁雜的事情，還要承擔孩子綿密的情緒，在這情況下要媽媽不發怒，未免也太殘忍了些。媽媽又不是聖人！

想起許久之前，電視上播出一部韓劇《媽媽發怒了》，內容在講述一個母親養育三個小孩（兩女一男），把生命都奉獻給家庭。小孩好不容易長大成人，甚至結婚生子了，她開始渴望起過一個人的逍遙日子，於是和先生溝通好，讓自己去外頭住一個月。

然而，即使是已經到阿嬤年齡的媽媽，即使已經搬到外頭去過逍遙日子，一旦聽到兒女的事，媽媽立刻就回到原來的狀態，就是不停的「發怒」；為小事發怒，為女兒的婚事發怒，為兒子把媽媽當理所當然的褓母發怒。總之，就是一個不斷發怒的媽媽。

或許有人認為聽起來像是挺無聊的戲，但很無奈的是，媽媽的生活就是這樣，只要一在乎、一關心小孩，就會陷入無止盡的發怒。因為母子天生有臍帶根生蒂固的連結與糾纏，不自覺的就會對孩子衍生出無止盡的「期待」，而人只要有了期待，當期待落空的時候就容易生氣。

我也是個平凡的母親，所以我也會發怒。

舉例來說，有天晚上我就對三三發怒了。

當時兩個女兒上完畫畫課回家，我和三三、川川坐在客廳吃晚餐。川川吃高麗菜盒子，三三吃水餃，我則坐在一旁幫川川扶著她的菜盒子，免得裡頭的菜餡掉滿地。但其實我的狀態非常不好，精神和身體都頗累，很想瞇一會兒，但又強撐著想盡到母親的職責，於是一邊陪她們聊天，一邊幫川川處理菜盒子。

就在吃飯的過程中，三三不停在為晚上即將而來的「薑湯」抱怨不停。

由於三三體質虛，容易過敏氣喘，所以在和中醫師討論後，除了用中藥調理之外，還每天喝一杯薑湯補氣。

三三已經連續喝一個多月。薑湯非常的辣，三三總是邊哀嚎邊抱怨邊喝薑湯，但很棒的是，她總是很努力的把薑湯喝完，因為我們約定好，現在先辛苦一點，等她病好了，我們要一起去大口吃剉冰。

然後，那天不知怎麼了，三三在吃飯的時候提早抱怨薑湯很辣，她不想喝，可不可以不要再喝薑湯了……

一開始我回答：「沒辦法，你要喝，因為我們的病還沒穩定，遇到冷的時候你又容易咳嗽，所以薑湯還是得喝。」

才剛回答完，三三又不停的抱怨薑湯很辣，可不可以不要喝了？

就這樣她邊吃水餃，邊抱怨叨唸個沒停，而我當時又很疲累，妹妹的菜盒子內餡又不斷掉到地上，我就在這三個煩躁的狀態中壓抑自己的脾氣，直到壓抑不住，就發怒了。

我很生氣的說：「好，不要再唸，從今以後你可以不用再喝薑湯了，但是氣喘發作的時候，你要承擔，不可以哭著要媽媽想辦法。媽媽只能不停帶你去醫院看診，看是要吃藥還是打針，我都願意帶你去，只要你願意的話，我們就這麼辦，不喝薑湯沒關係。」

這時可愛的川川天真的在一旁問：「媽媽，你生氣了哦？」

我扭頭對著她生氣的說：「對，我生氣了，我當然生氣了，因為我也有委屈，我也不想煮薑湯，每次煮薑湯都要花很久的時間，然後煮完給你姊姊喝，我又要一直不斷被唸，你說說看，我到底是為了什麼？」我察覺我的怒氣正不停的往上攀高。

川川童言童語，絲毫不害怕正在發怒的我，說：「當然是為了姊姊呀，因為等姊姊身體好了以後，我們要一起去吃草莓剉冰！」頓了頓，川川又說：「好了啦，媽媽不要生氣了，媽媽我愛你。」

川川說完，立刻在我臉上親了一下。

這時，一旁的三三小聲的說：「媽媽，對不起，我願意喝薑湯，你不要生氣了，我愛你。」

我回頭看著三三，那麼小的孩子，才六歲，身體不好的她，為了自己的病，其實已經非常努力了，每天吃著一般孩子不敢吃的中藥，還喝了這麼久又這麼嗆辣的薑湯，換做是川川，恐怕一口都餵不下去。

那一瞬間，我啟動覺察，用正向的觀點看著孩子，在心裡細數她那些優點，所以我很快的柔軟了起來。

我想起過往在原生家庭裡的經驗，父親一旦發怒，不到一、兩小時都不會停，即使我道了歉，他還是會在這個點上繼續責罵，細數他做牛做馬是為了誰，直到父親情緒發洩到淋漓盡致，已經是兩小時後的事，但那時候的我對於聽父親說任何一句話，已經呈現非常厭煩的狀態。

我嘆口氣，因為不希望三三也呈現厭煩的狀態。我的脾氣在那一刻消失了，取而代之的是，我想好好的擁抱三三的努力。我覺察了自己的感受以及三三的感受，並且試圖連結她的渴望。

我回應她：「三三，我也愛你。三三，媽媽知道你很辛苦，那麼辣的薑湯，你每天都很努力喝，喉嚨都好辣好辣，對不對？」

三三瞬間紅了眼眶，點點頭。

「媽媽知道你委屈了，不能跟妹妹一樣吃冰，連冷開水都不能喝，很辛苦，還要吃苦苦的中藥，但是媽媽看著你為了自己的身體在努力，媽媽好感動又好驕傲，你真是個很棒的寶貝。」

三三用力點著頭，淚水更多了。

「媽媽要跟你說對不起，剛剛兇了你，媽媽身體狀況不好，很疲累，又太著急希望你的病能好，所以脾氣變得非常不好，對不起。」

三三說：「沒關係，媽媽，謝謝你辛苦的幫我煮薑湯，我以後還要喝。」三三擦拭眼淚。

我說：「真的嗎？太好了。」

三三說：「因為我的病還沒好，而且我今天又咳嗽了，我要趕快把身體弄好，跟媽媽一起去吃冰。」

「對呀！讓我們一起去吃冰吧。其實媽媽也不知道什麼對你有效，但我們喝了一個月的薑湯，效果好像還不錯，至少這一個月以來，我們沒有生病，對不對？所以媽媽非常希望你能繼續喝辣薑湯，雖然很辛苦，雖然不知道還要過多久才能辦到，但是媽媽好希望你的病能完全好起來，好希望能跟你一起去吃剉冰。你願意和媽媽再努力一陣子看看嗎？」

三三邊哭邊點頭。

就這樣，我們在短暫的衝突中，再次確認了愛，建立了新的約定，並且願意為了更美好的想像（剉冰）去努力。

所以，對於發脾氣這件事，我的想法是，就算是聖人下凡來，面對相同的處境和煩躁和疲累時，聖人肯定也是會有情緒的，說不定表現得更為暴躁也說不定，所以**身為一個母親，有情緒有脾氣也是很正常的！但如何學習與情緒共處，接納不完美**

的自己，則是父母該學習的重要課題。

與孩子發生爭執是必然的親子之路，而過程中，我在乎的只有一件事，那就是我會不斷確認在每一次爭執中，都是通往愛的方向，用愛去感受孩子的感受，用愛去連結孩子的渴望，那麼孩子就不至於離我太遠；因為她和我之間，會被愛給牢牢的黏附住。

貼近孩子的感受，是化解衝突的唯一方法

週五晚上是兩姊妹上游泳課的時間，一來是為了增加姊妹的肺活量，讓身體健康些，一來是為了三三的過敏氣喘而學的。

某天，我帶著兩姊妹按時去上游泳課，看著泳池內的三三和川川，特別感覺欣慰，因為她們都非常努力想超越自己的困境，不斷反覆學習，甚至連怕水的川川都有小小的進步，已經開始會漂浮了。

就在課程中段，我邊看著兩姊妹的進度，邊和坐在一旁的朋友閒聊。突然，泳池旁傳來淒厲的崩潰聲，是一個和川川差不多大的女孩子。

女孩崩潰的聲音非常淒厲刺耳，令人很難忽略，因此不管是池畔還是池子內的人，全都望向那個崩潰的女孩。女孩的前方有個女人，應該是她的母親。

母親距離我很遠，我聽不見她說話，但是看她微弓著身子，似乎正在與女孩溝通。女孩用崩潰模糊的聲音不停的說：「不要、不要，我還要玩。」看樣子，是回

家的時間到了，但女孩不想回家，還想玩水，正在跟母親爭取多玩一會的時光。

不過母親沒有理會，逕自往柵欄外面走去。女孩一邊崩潰尖叫，一邊拉扯母親身後的衣服，最後還抱住大腿。但母親沒有停下腳步，一直往外走，到了柵欄處，我看見女孩鬆手了，似乎完全不想出去柵欄外。就這樣，女孩在池畔柵欄內，母親在出口柵欄外，僵持的過程中，女孩持續崩潰尖叫哭喊著：「我不要！」

不知過了幾分鐘，女孩的崩潰聲不見了，我下意識的扭頭關注，發現女孩在池子裡玩耍，而她的母親也回到了池畔。

看樣子，女孩的崩潰贏得暫時性的勝利，母親妥協了，讓她多玩一會兒。不過看來母親似乎急著回家，所以在女孩玩水的過程中，不停提醒女孩時間，而女孩則不停回答：「再一次就好，再給我一次機會，再一次啦！」

過了一分鐘，母親似乎找不到該如何與孩子溝通，立刻站起來，告知女孩這一次她真的要走了之類的話，女孩立刻從水面衝上岸，抱住母親，又拉又扯，然後又是一陣刺耳的尖叫崩潰，大聲哭著：「我不要！我還要玩，你不要走！」

母親趁著女孩拉著她，伸手也回拉著她，似乎想把女兒一起拉出柵欄外，沒想到女兒整個人躺在地上，用身體的力量抵抗媽媽的強勢，瘋狂掙扎。母親只好鬆開她的手，讓女孩就這樣躺在地上嚎哭，然後自己離開。

這一次，母親真的狠下心離開了，留下一個崩潰的女兒給所有的人。

女孩站起來，對著空無一人的柵欄外，持續在池畔崩潰尖叫了好久。一旁的助教時不時在一旁幫忙催促：「你媽媽走了啦，你還不趕快追上去！」「吼！還在這裡哭！你媽媽不會回來了啦！」

不管旁人怎麼說，女孩就是不停崩潰，因為這些語言是激將、是諷刺，不但無助於解決問題，反而會讓問題變得更加棘手。果然，女孩刺耳的哭聲持續擴張，看樣子這場僵局恐怕還要持續好久，因為女孩不知道該怎麼打破，而她母親也不知道該如何收拾。我猜她們都在等，等對方能趕快低頭軟化，等待僵局自動被打破，否則母女倆只能苦苦維持這窘境。

由於女孩的崩潰哭聲真的過於可憐，朋友問我：「怎麼辦？」

我說：「她們走不向彼此，再這樣下去恐怕對這對母女都是一種傷害，我去推她們一把吧。」

我起身，要走向女孩前，川川發現我要離開，焦急的問我：「你要去哪裡？」

我說：「那裡有個女孩哭了，媽媽去幫忙一下。你乖乖練習，媽媽很快回來。」

川川說：「喔，那你幫完之後要趕快回來看我游泳哦。」

安頓好川川的情緒後，我走向崩潰的女孩。

女孩持續崩潰，我聽見一旁的助教不停催促她去找媽媽，但她就是不聽，不停的說：「我還要玩。」

我走到女孩身邊，頓下身子，看著女孩。

我說：「你怎麼了？告訴阿姨！」

女孩說：「我還要玩，媽媽不等我。」

我點點頭。「你還想玩，但是媽媽走了，是不是？」

「嗯！我還想玩。」

女孩點頭。「可是媽媽都不給我一次機會，她都不讓我玩。」

「水很好玩對不對？」

女孩把問題指向母親，指責是母親的問題。

我說：「可是阿姨看到的是，媽媽本來要走了，但是你還想玩，所以她又回來陪你玩了好一會兒。媽媽有回來陪你嗎？還是阿姨看錯了？」

女孩說：「有，媽媽有回來陪我，但是只陪了一下下又要走了，我還想玩。」

我點著頭，又問：「媽媽陪你的時候，有沒有跟你約定只能再玩一下下？」

「有。」

「那你回答媽媽什麼呢？」

「我跟媽媽說好，再玩一下下就要回家。」
「嗯嗯，你媽媽好愛你呀，知道你想玩，所以又留下來陪你玩，是不是？」
女孩點著頭，沉思著。
我說：「你媽媽陪你又玩了一會兒，媽媽做到約定了，那你呢？你有做到跟媽媽的約定嗎？」
女孩辯駁：「雖然媽媽有等我，可是我還想繼續玩啊。」
我笑著點頭：「阿姨也覺得水很好玩，但是玩水和媽媽比起來，誰比較重要？」
女孩不加思索的立刻回答：「媽媽。」
我大力點著頭：「是啊，阿姨也覺得媽媽比玩水重要多了，我們現在一起去找你媽媽吧！」
女孩說：「嗯，可是我媽媽不見了。」
「你媽媽很愛你，我相信媽媽肯定就在那扇門後等你的，我們去找媽媽吧！」
我伸出手，女孩信任的把手交給我。就這樣，我拉著她走過柵欄，走過走廊，推開門，去尋找她的母親。
女孩的母親果然一直在門外等候不敢離去。
其實她們都非常的愛彼此，只是被情緒卡住了，而我的存在，不過是在貼近女孩想玩水又不想被媽媽拋棄的感受，並且在她們原本就存在的愛的基石下，為她們搭一座階梯，讓她們能用愛來連結彼此的渴望，並且走向彼此。

我把女孩的手交給她母親。離開前，我蹲下來，同女孩說：「下一次想玩久一點的話，記得和媽媽早一點來，這樣就可以玩比較久。」

女孩點頭。

我說：「媽媽很愛你，阿姨相信，你也很愛你的媽媽，對不對？」

女孩點點頭。

「那麼下一次來玩水的時候，記得先和母親約好時間，時間到了，就要遵守約定起來回家，不要再讓媽媽難過了哦！」

女孩的母親不停的點頭，感激的對我說謝謝。

我笑著回應她。

其實我沒做什麼，她們只是被情緒卡住了。**只要卸下情緒，連結渴望，為她們擦亮愛的迷霧鏡，她們就會開始向對方飛奔而去。**

正向的欣賞能讓孩子成長

語言這東西是一刀兩刃，可以讓人變堅強、變可愛、變樂觀，但用錯鋒刃，就會像「俄羅斯方型西瓜」那樣，即便壓制了外在（孩子的行為），但永遠不知道西瓜內部已經扭曲成多麼變態的模樣。

大人們總是天真的以為小孩不乖，只要用語言恐嚇或諷刺就能學到教訓，但每每使用這些脅迫利用的方式後，大人永遠只會收到反效果。

大人們只會拚命用威脅逼迫的語言，或是用更恫嚇更威脅的口吻，鑽著一樣此路不通的死胡同，卻不知道只要小小的轉個彎，調整說話的方式，便可以讓孩子輕易的突破難關。

一年前，我帶著孩子們回外婆家吃飯，飯桌上一起吃飯的孩子還有我可愛的外甥孝宣和外甥女沛羽。孝宣是個天真可愛的孩子，個性開朗，但一碰上吃飯，就像遇上世界末日那樣眉頭深鎖。因為孝宣不只吃飯慢，還有個含飯的習慣，每每在外頭吃飯總會引來外婆家的大人關注，甚至言語刺激，像是：「誰能最快吃完，就可以得到糖果」、「你們快吃，吃完我帶你們去外面散步，不要帶XX去，因為他吃最慢」、「XX你怎麼吃這麼慢？下次不要來這裡了，討厭」。這些話語，是從狀似鼓勵的利誘到直接式的威脅。

這些語言對孩子們而言，有幫助嗎？事實上，一點幫助都沒有。孝宣吃飯的速度更慢了，他覺得被責罵了，甚至感覺委屈，因為都沒有人看見他的努力。大人們心情難過的時候，都沒辦法好好振作精神，更何況是孩子？

這些負向的教養方式，無論幾歲的孩子，都非常敏感。

記得三三在三歲時的某日，在褓母家因為玩具不肯借給妹妹玩，遭到褓母家人言語刺激。三三被週遭的大人說成了「小氣」的孩子，明明已經有這麼多玩具了，還不肯跟妹妹分享。

三三聽了不但沒有變大方，反而變得更憤怒。

當時三三說：「你們都講不好聽的話，我好生氣。」

一個三歲多的孩子，都能分辨出什麼是好聽的話，什麼是不好聽的話，只有大人永遠不知道（或不願意知道？），繼續一而再，再而三的用自以為高超的說話技巧，諷刺、暗示、指責、威脅孩子，讓親子關係越來越對立。

因此在面對吃飯慢吞吞的外甥，我召喚他來到我身邊。我跟他說：「姑姑有看到你很努力吃飯，先別管姨婆說什麼，我們努力，姑姑陪著你。我相信我們會比平常都快吃完，你覺得好嗎？」

孝宣點著頭，像是從內在生出信心那樣，一口接著一口，努力的吃著。雖然速度比不上其他孩子，但至少比平常要快上許多。在他完成吃飯任務後，我因看見他的進步而做出欣賞，他感到更自信，開心的笑著去玩耍了。

這便是正向的力量。

不只語言，外在教養的行為也影響著孩子的心理。

去年有則新聞一直讓我耿耿於懷。那則新聞的標題是：「嬰兒的天堂路」。新聞的內容是某個托嬰中心為了訓練八個多月大的嬰兒爬行能力，利用嬰兒依賴大人的本性，讓嬰兒在公園的石子路上一邊崩潰大哭，一邊爬向托育人員。在嬰兒往前爬行的同時，托育人員也不停後退，手裡還拿著相機，不斷的攝影記錄著嬰兒的爬行影像。

這殘忍又幾近虐待的行為，將會對嬰孩造成什麼樣的影響？

有個研究報告顯示，負面的童年經驗會造成海馬迴萎縮（海馬迴掌控長期記憶與情緒各種功能）。

這是什麼意思？

簡單來說，在巨大的壓力下，我們的大腦會促使腎上腺分泌出一種名叫皮質酮（corticosterone）的物質。而這種物質，會抑制大腦的海馬迴裡神經滋養因子（簡稱ＢＤＮＦ）的表現。少了ＢＤＮＦ的滋養會造成海馬迴萎縮，這就會導致一個孩子注意力無法集中，一遇到壓力就容易退縮、逃避、學習能力降低、情緒控管失衡，因此ＢＤＮＦ在孩子發展上的關鍵期非常重要。

所謂關鍵期，指的就是「如果錯過了，就幾乎無法補救的發展階段」。

科學家在小老鼠身上做實驗，發現如果小老鼠先天缺乏分泌ＢＤＮＦ的能力，那麼小老鼠通常出生沒多久就死了。另一項研究還顯示，若在老鼠出生後第九天，將老鼠與鼠媽媽分離一天，居然導致老鼠成年後海馬迴的ＢＤＮＦ大量減少。可見得負面的童年經驗，將會造成未來成長巨大的影響，甚至長期罹患憂鬱症的比例會大大的提升。

因此面對新聞畫面裡的孩子，我不知道未來他的父母得用多少愛與包容才能把這個童年陰影的黑洞補救回來，只希望這則新聞能帶給其他父母與教育者的警覺。**負**

向的教養只會讓親子關係對立，造成成長過程不可補救的憾事。

對一個成長中的孩子而言，**最好的教養，就是用正向語言來陪伴他，因為正向語言會產生出力量，而力量會帶領孩子做更多正向的行為，如此生生不息的循環著。**

別讓憤怒情緒來攪局

叮囑孩子的事情，孩子不但沒做好，還把事情搞砸了，該怎麼處理？這大概是做父母最頭痛的事。一旦處理不好，事情不但得不到解決，親子關係還會惡化。

到底該怎麼做呢？

只要記得一個關鍵，「情緒」是處理事件最大的殺手。**任何事情，加進情緒，不管是對孩子還是對自己，得到的永遠是更大的情緒（憤怒），而問題依舊存在，因此，只要別讓情緒來攪局就行了。**

相信很多父母都有類似的經驗，例如孩子吃飯不坐好，遭到父母責罵以後，孩子心情差，就更不願意坐好，而父母就更憤怒，於是引爆出更多火山的情緒，而原來想叫孩子「坐好」的事件，就被拋諸腦後，衝突就此發生。

那該怎麼辦？

舉個事件來分享。

每天，三三起床準備上學的這段時間，是我最忙碌的時刻，一來要叮嚀她吃益生菌，二來叮嚀她喝薑湯或純露，三來陪她練琴，四來做起司土司煎蛋……，忙進忙出忙個不停，就是為了讓三三準時出門不遲到。

有一天我好不容易把工作進度推展到完成「起司土司煎蛋」，眼看上學就快遲到了，而我還需要做其他事情才能準備出門，於是我請三三進廚房來取自己的早餐。

三三當時很開心，因為練琴有成就，所以帶著好心情來端盤子，又帶著好心情離開廚房。走回客廳準備吃早餐時我聽見三三突然大叫：「掉了、掉了，媽媽，東西掉了怎麼辦？」

我走近客廳一看，發現整片土司正面朝下的翻倒在地板上，上面的起司和蛋都直接貼在地面。

三三趕緊用手把土司扶回盤子裡，但起司不在土司上，它牢牢的黏附在地面。三三立刻用手去抓起司，最後有一半的起司黏在地板，一半則黏在三三的手裡。

當時我見狀，情緒已然上升。我這樣忙進忙出，為的是什麼？還不是為了孩子上學不遲到，結果三三在這緊要的關鍵時刻把土司打翻，眼看土司不能吃，又要花時間重做，那上學鐵定遲到呀！

我惱怒的情緒有兩個部分：一、三三怎麼這麼不小心，浪費了我的苦心。二、時間逼人，現在哪有時間重做？

但是我知道，這個時候如果用情緒來處理事情，只會火上加油，沒完沒了引發更多其他問題。

我開始換個方式這麼想：一、與生命沒有抵觸的，都是小事（這是我的信念與幫助我轉換觀點的口訣）。二、掙脫時間的束縛，不做時間的傀儡；最壞的方式就是重做一個新的早餐，遲到就遲到吧，沒什麼大不了的。三、讓孩子自己面對問題；在我提出辦法之前，能不能引導孩子有解決辦法的能力？

這麼想以後，我的情緒和緩了。於是我問三三：「現在這樣該怎麼辦？」

三三說：「我也不知道！」

「你覺得它還可以吃嗎？還是我要再做一份給你？」

三三想了很久，下了決定。「我覺得它還可以吃，只要不吃起司就好了。本來我還想連著起司一起吃，但是起司完全髒了，所以只要不吃起司，我想土司和蛋還是可以吃的。」

我覺得這個想法很好，雖然這個想法讓我有點猶豫，畢竟地板不乾淨，孩子吃了掉在地上的土司，並不是我希望的，但孩子有自己的解決方法，而且這方法是孩子願意承擔土司掉在地上的責任。最後，我選擇讓孩子去執行這個辦法，因為也許在吃的過程中，她能覺察以後拿早餐時要更小心、更注意自己的動作，這比我動怒責罵還有效果。

於是，我大力點頭。「好，那就吃吧，吃完我們就出門上學。」

就這樣，我和三三跨越了情緒，**在沒有情緒干擾的情況下，我們一同面對事情，一同想到辦法處理事情，這就是親子溝通的關鍵。**

練習4

認識感受，看見孩子與自己的內在

孩子的問題往往解決不完，而且真正的問題在於父母是否真的理解孩子的感受、是否能探索出問題背後真正隱藏的訊號、是否能在理解孩子感受之後，好好的陪伴。

父母要解決的，其實都是事件底下隱藏的感受和自我價值的建立，這才是教養的重要關鍵。

管教，是立足在愛與信任的基礎上

記得三三正式進入三歲半那時，適逢二十四節氣中的「驚蟄」，這天春雷乍響，將會驚醒土地裡正在冬眠的生物和昆蟲，而氣溫也會慢慢回升，雨水也會增多。過了驚蟄之後，春耕就開始了。當時的她，感覺一下子成長了許多，不會再暗地裡欺負妹妹，也會與妹妹分享玩具，我還因此常感動的對朋友說，最近的三三是可愛的小天使呀。

三三雖然有小天使的一面，但她仍舊是那個好強、獨立、自主的孩子，凡事喜歡自己來，非常有自己想法，以及自己內在的邏輯，不容別人來打亂。只要踩到三三的地雷，她馬上從小天使變成暴躁、蠻橫的孩子。

那時我很希望三三一直當個小天使，但我知道我不可能永遠順著她的毛摸，因此三不五時就得跟暴躁蠻橫的公主交手。在過程中，我難免走回老路，不時的用「權威」的手段、指責的口吻大挫孩子的脾氣，藉此得到短暫的勝利。

還記得當時某個假日早上，三三和爸爸在房間玩搔癢格鬥的遊戲。當時我坐在一旁，內在還開心的想，這樣的時光多麼美好呀，父女倆如此開心的玩耍，真是難得呀！才剛想完不久，慘案發生了。三三和她爸玩得太開心，沒控制好力道，手亂揮，不小心打了她爸一巴掌，還把她爸的眼鏡打歪了。三三這一打，也把美好的時光都打散了。

爸爸生氣的說：「你打到我了，很痛耶！還不快點跟我道歉。」

三三原本開心的臉瞬間刷白，並且倔強的繃著臉，用憤怒武裝著自己。

三三說：「我不要！」

爸爸說：「你打到我了，不道歉還那麼兇！」

「我不要、我不要，我又沒有打你！」她生氣的用拳頭朝爸爸方向猛揮。

由於三三的態度和表現已經偏離我預先設想的「期望」，因此我也不高興的加入說教行列。

「你那是什麼態度？有什麼話好好用說的，不可以用生氣的方式！還有，打到人就是不對，你還是要道歉才行。」

三三一聽更生氣了，她說：「我生氣了，我真的生氣了！」

我說：「生氣就去房間外面生氣，你打到爸爸了，你爸爸都沒生氣，你有什麼資格生氣？出去！」

當時我並沒有察覺我所有說出來的話，全都是用一種高壓的方式想要輕易解決問題（其實應該說是大人習慣掩蓋問題的方法），只是一味的想叫三三低頭認錯。

三三聽我這麼一說，更生氣了，竟然回我：「這裡是我的房間，我不出去，你們統統出去！」

三三其實說得沒錯，在她很小的時候，我就曾經跟她說過這是她的房間，但當時聽到這種話，我被激起更多的怒氣，立刻大聲斥責：

「這裡現在是大家睡覺的地方，所以也是大家的房間，不是你一個人的房間，你不跟爸爸道歉就出去，想生氣也出去。」

三三看情勢無法轉圜，握緊拳頭就要出去。

爸爸看情形不對，趕緊對三三說：「好啦，爸爸剛剛太兇了，我們都不要生氣了好不好？」

三三說：「我不要！我要出去，我不要跟你們好了。」

三三扔下這句話，真的走出房門，並且用力的將房間門關上。

三三的離開，讓我對剛剛我所做的一切有了反思的時間。一直以來，我都知道家庭規條的建立，並不是在打罵高壓的方式下，而是應該建立在「愛」與「信任」的基礎上。

但我應該怎麼做？

我一邊和留在房間的妹妹玩耍（妹妹一邊玩一邊發出呵呵的笑聲），一邊思索著該用什麼樣的方法讓三三先感覺到被愛、信任，以及自我價值。

就在這個時候，三三因為聽到妹妹開心的笑聲，試探性的小小開了門。我看著她倔強又悲傷的臉，從門縫探過來，並用一種生氣又無助的眼神望向我時，心裡一陣愧疚。她才三歲多，是多麼喜歡和父母在一起玩耍。雖然剛剛打到爸爸，但不是故意的，照日常的狀態，她應該會主動道歉，但也許是爸爸的態度從嬉鬧玩耍一下子轉為生氣，她嚇壞了，才沒辦法立刻道歉吧。

經過這樣一轉念，我立刻對三三招了招手，溫柔的說：「要進來一起玩嗎？」三三停頓了幾秒，大概是想起剛剛我說過，不道歉就不准進來的話，於是她握緊拳頭，用憤怒的情緒，幾乎尖叫的聲音，倔強又不服氣的對爸爸說：「對不起！」

按照一般大人的想法，對三三用這種憤怒的方式說對不起，肯定又會大大的說教一番，但當時的我卻不這麼想，因為我看到的是三三的委屈，她能壓抑住自己的委屈，勇敢的低頭認錯，這是連大人都無法做到的呀！

於是我對三三豎起大拇指。我說：「三三，你真的好棒，你能勇敢的說對不起，這是連媽媽都做不到的事。剛剛的事情爸爸也有錯，但是你卻能先跟爸爸道歉，媽媽真的覺得你好厲害！媽媽真的、真的認為你好了不起。媽媽剛剛也亂生氣，對不起，請你原諒，但不管剛剛發生什麼事，媽媽要你知道，我永遠愛你。」

三三聽完這番話，臉部的線條從原本的剛強瞬間變得委屈，接著眼淚就像水庫洩洪一樣嘩啦啦的流個不停。三三一邊哭，一邊大聲的跟我說：「媽媽對不起，媽媽對不起！」

看她哭得傷心，我才明白，她小小的心靈裡壓抑著好多委屈。

「問題其實根本不是問題，只要愛進來了，當愛充斥著內在時，愛會跨越問題，問題自然會被解決。」這句話充分的在三三的此時此刻被印證。因為三三感覺到被愛了，她就有足夠的自信與勇氣去跨越問題。因此當三三哭完之後，她擦擦眼淚，主動跑到爸爸面前，溫柔的對爸爸說：「爸爸，剛剛對不起，打到你的臉，還打壞你的眼鏡。你有沒有受傷？有沒有哪裡痛痛？」

這時候的三三真是個小天使呀！雖然三三是個小天使，但我相信小天使不是天生自然產生的，而是當她感覺到被愛，當得到的愛多到滿溢出來的時候，她會將這愛分享給她所愛的人。

樂觀面對孩子的戰爭，用心探索孩子的感受

一位母親在才藝教室外，跟我抱怨現在孩子太超齡，連幼稚園的環境都有同儕互相排擠搞小團體的事件發生。媽媽叨叨絮絮，講述著自己每天如何周旋在老師和學生家長之間，處理孩子在學校所受到的委屈和問題。

我若有所思，似有似無的聽著。媽媽似乎怕我不知道其嚴重性，最後還補了一句：「以後等你的孩子上學你就知道了。」

我沒多話，只是微笑回應。

其實哪需要等到上學，孩子的戰爭早已經隨時隨地在發生。

過年時，帶著兩個孩子回爺爺奶奶家，孩子蹦蹦跳跳展現期待與開心的模樣還印刻在腦海裡，而三三悲傷哭泣的臉，也依舊存在。

我喜歡帶孩子回爺爺奶奶家，那裡不僅地方大，而且玩伴又多，每每回去，孩子

總是開心極了。

過年期間更是熱鬧，不僅家人團聚，連親戚的孩子也都回來了。算一算，三三、川川，加上小叔和小姑的孩子，一大家子總共有五個小孩（四女一男）。

到了爺爺奶奶家，三三立刻鑽進爺爺奶奶的和室，裡面放著超多兒童玩具，她拿了一隻大鱷魚就自顧自的玩了起來。

而川川呢，她悠哉悠哉的這裡看看，那裡瞧瞧。這時兩個姊姊（分別是堂姊和表姊，就讀國小二年級）看到川川，就像看到洋娃娃一樣，一路牽著川川，細心呵護，小心照料，那模樣就像在照顧自己的小寶寶。

兩天相處下來，川川被姊姊們照顧得無微不至，坐三輪車有姊姊推，玩玩具有姊姊陪，吃飯有姊姊餵，而三三仍舊是沈浸在自己玩樂的世界中，這一切都是多麼的和諧而美好。

第二天下午，幾個孩子在戶外院子騎腳踏車，原本也在外頭騎滑板車的三三突然衝回屋內，跑到我身邊，跟我嘟囔。

三三說：「媽媽，川川的腳差點被壓到，川川也差點從三輪車上掉下來。」

「怎麼回事呢？」

「就是兩個姊姊一直搶著推川川，都沒看到川川快掉下來，也沒看到川川的腳已經在輪子下面，兩個姊姊都害川川受傷。」

我認真的聽著三三描述。

我問：「那川川有沒有受傷？」

三三說：「沒有受傷，但是差一點就受傷了，要不是我看到的話就受傷了，我好生氣哦！」

我說：「你真是川川的好姊姊，川川有你這個姊姊真幸福，有你保護妹妹，媽媽很放心。還好川川沒受傷，謝謝你跑來告訴我。」我停頓了一下，又問：「你要出去玩還是要在屋子裡休息一下？」

「我要出去騎車，順便看妹妹有沒有受傷。」

「那你自己也要小心哦。」

三三蹦跳著又到戶外去了。

我看著三三離去的背影，覺得她這天很不一樣，是長大了嗎？還是有什麼我沒發現到的情緒正在產生？因為一直以來，三三和妹妹的相處都不是那麼熱絡和關心，今天怎倒反常了起來？難道是因為有人和她一起競爭照顧妹妹，所以引發她正宮姊姊內在的焦慮？

我如斯的想著。

時間推展到晚上，距離睡覺還有半個小時，三三耷拉著臉尾隨我來到房間內，就在我關上門的同時，她突然拉住我，一屁股坐在床上。

我回頭看三三，她已經流著兩行淚。

我說：「怎麼了？怎麼哭了？」

「我好難過。」

「可以告訴我發生什麼事了嗎？」

三三搖搖頭。「我不會說的。」

我點個頭，說：「那媽媽陪你坐一會兒，等你想說的時候再……」

三三又搖頭。「不管過再久，我都不會說的。」

我又點了點頭，看著三三這麼堅決的什麼也不說，還好手邊沒有其他急需處理的事。沉著心，我決定陪著三三坐一會兒。

只是沒幾秒，三三的性子比我耐不住，自己劈哩啪啦全說了。

三三說：「媽媽，我真的好難過。」

「怎麼了？我在聽。」

「兩個姊姊都不跟我玩！」

「有嗎？她們有不跟你玩嗎？我看到的時候，感覺她們都有跟你玩。」

三三搖搖頭說：「沒有，她們都不跟我玩，她們只跟妹妹玩。」

說著說著，又哽咽的哭了起來。

我點點頭，然後非常自作聰明的說：「那你下次就問姊姊，可以跟你一起玩嗎？這樣好不好？」

三三哭得更傷心。她說：「她們一定不會跟我玩的，她們只會跟妹妹玩，而且妹妹哭，她們都會秀秀，如果她們看到我哭，就只會叫我不要哭！」

三三一直都是個心思細膩，而且想得非常遙遠的孩子。雖然我的理智告訴我，三三想太多了，而且我很想用我的聰明頭腦，告訴三三成千上萬種解決的方法，但是長久以來學習的親子溝通和應對姿態模式告訴我，我得在這裡停下來，**不要急著想解決問題，問題永遠解決不完，我只需要貼近孩子的感受，陪伴她就好**。

我說：「你現在覺得難過嗎？」

「嗯，非常難過。」三三說完，眼淚立刻噗噗的一直落下來。

「覺得孤單嗎？」

三三點頭：「我不喜歡一個人，我喜歡跟大家玩，可是姊姊都不跟我玩，她們眼裡只有川川。」她的眼淚順著臉角，滑落衣服裡。

我說：「姊姊不跟你玩，你可以跟哥哥玩呀。」

「我有啊，我有跟他玩，可是他是男生，他都亂玩。」

「原來是這樣。」

三三說：「媽媽，怎麼辦？都沒人跟我玩……我好難過。」

「我也不知道應該怎麼辦？但是你的孤單難過，媽媽聽到了，也知道了。你覺得媽媽應該怎麼幫你比較好？」

三三搖頭。「我不知道，媽媽你幫我想。那兩個壞姊姊，真的好壞！」

「三三，不是那兩個姊姊很壞喔。」

「那是什麼？」

「每個人都有選擇和誰玩的權利，你可以選擇和姊姊玩，不和哥哥玩，不代表你很壞呀，對不對？而且姊姊也沒說真的不和你玩。」

「可是姊姊真的就只跟川川玩，沒跟我玩。媽媽我真的很難過，都沒人陪我……」

「嗯嗯，媽媽知道你很難過，想哭就哭，沒關係的，媽媽在這裡陪你。」

「媽媽……」

我摟著三三，讓她任由眼淚滑落。

幾十分鐘之後，三三從急促的呼吸哭泣，到緩慢恢復平穩的呼吸，我知道她的情緒已經稍稍平復。

這時候孩子的父親進來了，看到三三在哭泣，知道原委之後，立刻用理智跟三三說：「人家姊姊也沒說不跟你玩呀？而且你也不一定要跟姊姊玩呀，對不對？這有什麼好哭的？這麼愛哭！」

原本已經收整好情緒的三三，立刻又潰堤。

我伸出手在空中擺了擺，示意孩子的爸別說了，希望他不要在此刻下判斷或亂下指令。

做父母的，是多麼容易在孩子遇到困境或問題時，用我們的「聰明才智」去幫孩子「解決」問題，但事實上，孩子的問題根本解決不完，而且那些問題也根本不是問題。**真正的問題在於父母是否真的理解孩子的感受、是否能探索出問題背後真正隱藏的訊號、是否能在理解孩子感受之後，好好的陪伴著她。**

我為三三做的，其實不過就是「探索」三三的感受，「核對」三三感受背後想表達的意思（在此時此刻，她其實想表達的是她很孤單寂寞），而我只需要安靜的陪著她哭一會兒（陪伴）。

父母不是萬能的，孩子的問題父母無法永遠衝鋒陷陣為他解決。平心思考，大人有時候心情不好，其實不求解決之道，只求有人能懂我們，並且能陪我們坐一會兒，而孩子又何嘗不是。

在充分的陪伴之後，三三再度展現出穩定的情緒，並且同我說，明天她還會再努力試看看，去詢問姊姊要不要跟她玩。

聽見她的決定，我點點頭給予無限的支持，並且牽著她的手，躲入溫暖的被窩裡，一起安眠。

引導爭執中的手足進行正向的對話

許多人問及，家中有兩個孩子，經常吵架，吵完後兩個孩子紛紛來告狀，各有各的委屈，該怎麼辦？

而我又是如何與爭執後的兩個孩子對話？如何同時讓兩個孩子的委屈都各自找到出口，平復情緒？

通常，我回答的關鍵只有一個：傾聽。

有天晚上，兩姊妹上完才藝課，一如往常的到同學家吃晚餐，順便去玩。川川和其中一個姊姊（三三的好朋友羿彣）玩背小熊的遊戲，玩得很開心，一旁三三看了覺得不是滋味，於是指揮妹妹過來跟她玩，但妹妹傻大姊個性，執意要繼續和羿彣姊姊玩背小熊的遊戲。

三三見妹妹不聽話，轉而慫恿好朋友跟自己玩，不要跟川川玩。好朋友答應了，真的不再跟川川玩，川川心裡不是滋味，去拉扯小熊，因此被姊姊捏了手，川川生氣大哭。全場的媽媽朋友們都見識到了川川哭泣的功力，很想上前關心，不過因為之前有幾次關心的經驗，造成三三心裡有憤怒的情緒（那次是三三當場搶走川川玩具，兩個媽媽同時出聲喝止三三不應該用搶的，造成好面子的三三當場崩潰大哭，要求我立刻帶她離開），媽媽朋友們於是紛紛轉頭看我，用眼神詢問我要怎麼處理。

我揮揮手，要她們耐心的等等，因為我聽見三三正在努力解決妹妹的哭聲，雖然我不知道她跟川川說了什麼，但我聽見川川哭聲變小了，於是要媽媽們先別理會，因為川川如果有需要，自己會來找我。

果然，等了約兩分鐘，川川帶著眼淚過來找我。我問她：「川川怎麼了？你怎麼哭了？」

川川跟我訴說：「姊姊抓我！」

「在哪裡？我看看！」

川川拉開袖子，露出手背被抓的痕跡。痕跡清楚可見，想必是很痛。

「手很紅，姊姊這樣抓你，你很痛吧？」

川川含著淚，點頭。「很痛！」

「媽媽心疼，姊姊不應該抓人的。」

川川還沒對我的話做出回應，一旁的媽媽們看了抓痕，也表達心疼之意。不過川川倔強的性格在這個關卡出現，她不太想在這個時候被別的媽媽關注，因此丟下一句：「唉唷，別管我啦！」就從我的身邊溜走了。

在那個當下，我沒有把她抓回來，因為我直覺她現在不想被關注，這並不是一個好的對話的時機，於是我放手讓她自由去玩了。但是川川並沒有因此把生氣姊姊的情緒給遺忘。

回家後，我請兩姊妹去刷牙，我邊做家事邊看顧一歲三個月的弟弟。結果三三一直跑來告狀：「川川把水倒進我的杯子」、「川川不讓我用水」、「川川想吐口水在我的杯子，我不給她吐，她就吐在我杯子旁邊，我叫她擦，她都不肯擦……」

但妹妹並沒有因為姊姊不停告狀而停止捉弄，反而變本加厲。

最後，三三奔來對我說：「媽，川川自己刷完了，她就想把廁所門關起來，媽，她想把我關在廁所裡面，我好怕！」三三說完，情緒來到一個頂點，講完後她就哭了，手上還拿著牙刷，一邊說，嘴裡的泡泡水還不斷的流下來。

我請她先去把嘴巴裡的泡泡水吐掉，然後找了兩張小椅子，自己坐了一張，邀請她坐一張。

我說：「媽媽剛剛沒聽清楚發生什麼事，你再跟我說一次，妹妹怎麼會把門關起來呢？」

三三說：「我不知道，妹妹就走出去，又回來想把門關起來，我叫她不要關，但是她還是關起來，我好怕。」

這時，我轉頭問川川：「是嗎？你想把門關起來嗎？」

川川說：「對啊，可是我只關了一點點，我沒有全部關起來。姊姊一叫，我就沒有關了啊。」

我回頭看三三：「是嗎？川川只關了一點點？」

三三說：「對，我要是沒有叫，她一定就會全部關起來。」

我看著三三崩潰的心情，用手摸摸她的頭，撥撥她前額的瀏海，說：「被關起來，一定很可怕吧？媽媽懂那個感覺。」

三三聽了，覺得自己被理解了，立刻放聲大哭。

我說：「害怕的心情媽媽知道，你好好的哭一下。」

我坐在那裡陪三三哭了一分鐘。看到哭聲漸小，我問：「你一定很傷腦筋吧，妹妹一直調皮搗蛋，一直弄你，一直欺負你。」

三三猛點頭，然後說：「我真的不知道該怎麼辦，我叫她不要這樣做，可是她就是不聽。」

我輕輕嘆息著：「被欺負的感覺不好受，那你一定也懂妹妹今天在同學家裡被你欺負時候的心情吧。」

三三愣了一下，慢慢的眼淚又回來了。「她那時候一定也很難過。」

我說：「妹妹當時很難過，但是她沒有發洩出來，所以回家以後，她就會這裡弄你一下，那裡弄你一下。你欺負她的時候，感覺是你贏了，但是這世界沒有永遠的贏家，你那時候贏了，就會在某個地方輸回去，因為你的行為，她會學，所以她欺負你。你覺得現在該怎麼辦？」

三三陷入沉思。

我問：「你希望妹妹對你好，還是對你不好？」

三三說：「我希望她對我好。」

我問：「你一直對她不好，她有可能會對你好嗎？」

「不會。」

「那該怎麼辦？」

「我要先對她好，讓她學。」

我點頭說：「你很棒啊，你想出方法來了。之前川川做錯事，跟你道歉時，你總是回她：『我不要原諒你。』這句話讓媽媽很頭痛，因為川川也學起來了，有時候媽媽跟她道歉，她就一直跟我說：『我不要原諒你。』如果可以，媽媽希望你能讓川川學學很棒的事情。」

三三說：「我知道了。」

之後，我請川川坐在小椅子上，一起加入對話。

我問川川：「姊姊剛剛被你關在廁所，她很害怕，你聽到姊姊突然大哭，有沒有嚇一跳？」

川川點頭說：「有，所以我只關了一點點就沒有關了。」

「哦！所以你也不想讓姊姊哭，對嗎？」

川川點頭。

我問：「你愛姊姊嗎？」

川川猶豫的看著姊姊。「有時候愛，有時候不愛。」

「什麼時候愛？什麼時候不愛？」

「……不知道。」

「姊姊對你很好的時候，你愛他嗎？」

「愛。」

「姊姊欺負你的時候，你愛她嗎？」

「不愛。」

我回頭觀察三三的反應，她的臉部有小小的起伏。過一會兒，三三說：「媽媽，我也想對川川好，我有想的時候，我就可以做到，但是有時候我會忘記，一旦忘記了，我就會開始欺負她。」

「真的呀，但至少你有想的時候，是可以做到對川川好，媽媽聽了很高興。媽媽希望你以後能多想一點，你的記性這麼好，我相信你一定會越做越好的。」

三三肯定的點頭。

我回頭看著川川：「川川，你關廁所的門，雖然不是故意要欺負姊姊，但是姊姊因為你害怕得哭了，我們應該怎麼辦？」

川川說：「我不要再道歉了啦，剛剛我已經道歉很多次了。而且姊姊又會說她不要原諒我。」

「那你再說一次試試看。」

川川說：「姊姊對不起……」

我看著三三，三三停頓在那一刻許久。

三三說：「媽媽，我不想說我不要原諒你，但是現在要我開口，我就只想說這句話呀，所以我現在真的沒辦法回答川川。」

我點頭同意三三：「你很棒，因為那句傷害的話你可以控制不說了。這個回答你可以再想想，不一定要現在回答，你也可以等你氣消，也許就可以回答了。」與姊妹倆對話結束後，姊妹感情要好的陪弟弟回房間玩耍去了。

彷彿為了賠償妹妹似的，三三在房間裡，不停唸著故事書給川川聽。

但，兩姊妹的感情從此要好到永遠？

我只能說，這不是童話故事，現實是殘酷的。十分鐘之後，房間裡傳來川川崩潰的哭聲。我走近關心，人還沒到房門口，三三立刻對我自首：「媽媽，是我，我捏妹妹。」

我瞪大眼睛看著三三：「怎麼會？」

三三說：「因為我要唸故事給妹妹聽，但是妹妹都不乖乖坐好聽，一直要搶我的故事書，還說要跟我比力氣，我就捏了她。反正是她說要跟我比力氣的，所以我就用捏的。」

「有人這樣比力氣的嗎？川川，你的手還好嗎？」

川川露出被姊姊掐紅的手臂。

我請三三自己看她捏人的成果。

我說：「你覺得捏成這樣，會痛還是不會痛？」

三三說：「很痛吧，因為很紅。」

「那現在該怎麼辦？」

「我不知道，跟她說對不起？」

「我們家是不能動手打人的，這個行為太傷人了，所以除了對不起，你還得做點什麼才行。」

三三思考了一陣子之後，說：「那我讓妹妹捏三次回來好了。」

川川突然插話：「捏兩次就好了啦。」

三三說：「三次啦。」

「兩次啦。」

「我說三次就三次。」

「好啦，都可以啦。」

我問川川：「你真的想捏姊姊嗎？」

川川說：「不想，算了啦。」

我跟三三說：「妹妹說她不捏回去了。」

三三說：「好啦，川川對不起。」

「沒關係。」

我提醒三三：「除了對不起，還得再多說點什麼唷，不然道歉得太輕易了，以後大家做錯事都只說一句對不起就好了。」

三三說：「好，川川，對不起，但是我捏你，是因為你不乖要搶書，而且是你自己說要比力氣，所以我才捏你的。」

聽到這句話，我真的很想大笑，孩子到底是從哪裡學來道歉之餘，還不忘指責對方的過錯。

我說：「三三，你的道歉不太像道歉耶，比較像在罵川川。如果媽媽的包包不小心打到你的頭，在跟你道歉的時候，媽媽一邊說對不起，一邊說都是三三的錯，誰叫你站得太靠近我了，媽媽的包包才會撞到你。你喜歡媽媽這樣道歉嗎？還是媽媽說：『三三，對不起，很痛吧？媽媽下次走路會更小心，請你原諒我。』哪一個你聽起來感覺比較好？」

三三用手比了第二個。

我點頭說：「那你也該用第二種好的方式來道歉才是。」

「嗯，川川，對不起，我不應該捏你的。」

川川爽颯的回答：「沒關係啦！」

與兩個孩子對話，我都是採同時進行的方式，因為我希望我在跟一個孩子對話時，另一個孩子也能在旁邊聆聽，並且從中聽見我的立場、感受與關心。在這個過程，我不做事件的裁決者，因為事件已經過了，批判事件的對錯已經沒有意義，我要解決的是事件底下隱藏的感受和自我價值的建立，這才是教養最重要的關鍵。

一個父親的期待與矛盾

我有個朋友是單親爸爸，因為喜愛自然，所以買了深山的房子，和女兒相依為命。朋友在女兒還很小的時候，因為忙，很多事都讓女兒自己去處理，於是很自然的把女兒拉拔成獨立自主、個性開朗的率真女孩，而且這樣一個女孩，還是個北一女的高材生。

朋友把女兒拉拔有成，自然開心，但日前卻在電話中透露自己的苦惱。

朋友說，最近案子結案，深山的家裡亂得很，他跟女兒兩個總是各過各的，雖然不互相干擾，但內心也很氣女兒。

我問朋友，怎麼了？

朋友說，身為一個父親，他給女兒很自由獨立的生活空間，但也許是太過自由獨立了，前幾天，女兒說要邀請高中同學來家裡玩，問他可不可以，他當然說可以，因為他認為女兒長大了，本來就該擁有自己的決定權，但是家裡這麼亂，女兒要邀請同學來，她也不收一下，請她收，居然回說不必收，因為她覺得同學不會介意。朋友左思右想，覺得不對，再次要求女兒，不收家裡，至少也把戶外的螞蝗清除一下，不然同學來被吸血了怎麼辦？

但個性爽朗的女兒，居然還是回：「不用，同學不會介意。」

朋友說，他聽女兒這麼說，真是氣壞了，但又不想對女兒發脾氣，於是他決定不跟女兒說話，和女兒冷戰了兩個禮拜。

朋友說，他的案子做不完，沒辦法分身去整理家庭環境，但請女兒去整理，女兒又推說同學不在意，像這種事情該怎麼和女兒溝通？

面對朋友的問題，我很清楚的看見他的冰山在觀點和期望的層次裡卡住了。理智上，朋友的觀點是，他應該要尊重女兒的決定，所以很大方的把決定權開明的交給女兒，但在女兒決定邀請同學後，他卻在家庭髒亂這點上過不去，所以用同學會在意為由，期望女兒改進，但沒想到女兒卻回覆同學不會在意，因此拒絕整理，被拒絕的父親遂感到憤怒。

我問朋友，你很痛苦嗎？

朋友說，痛苦也說不上，就是覺得女兒怎麼可以這麼不在乎家庭環境，大剌剌的邀請朋友來家裡，難道她不覺得家裡很髒很亂，會很不好意思嗎？

我換個方式問他：「家裡很髒、很亂，是你女兒會不好意思，還是你會比較不好意思呢？」

朋友想了想，不好意思的說：「好像是我會比較不好意思。」

我又問他：「既然是你會覺得不好意思，那你怎麼會把你的感受，要求女兒來解決呢？」

朋友說：「那該怎麼辦？是她想找同學來呀？不是我！如果是我找朋友來，我就會負責整理居家環境的。」

我提醒朋友：「女兒邀請朋友來之前，有詢問過你嗎？」

朋友說：「有啊，我同意了。」

我說：「既然你同意了，就是把決定權交給她了，現在又怎麼能怪女兒不整理家庭環境呢？」

我邀請朋友，放下期望，萬一他心裡真的過不去，可以在同學來的那天，悄悄的離家一會兒，不去面對同學的目光也就罷了，然後在離家之前，記得再一次提醒孩子，關於家裡髒亂以及環境外有螞蝗期待她去處理，提醒完之後，就放心的相信孩子吧，也放手讓孩子自己去學習承擔後果。

教養孩子時，大人們總是很容易把自主權和期待混為一談，希望孩子獨立自主的

同時，也期望他們達到大人設定的標準，殊不知獨立自主的同時，也必須給孩子犯錯的機會。獲取獨立自主的能力最快的方式，就是從犯錯的經驗習得，沒有挫敗、跌倒的經驗，又怎麼能學會自己爬起，並且獲得不再跌倒的祕訣？

沒有完整走過這樣一個歷程，孩子們又怎麼能知道獨立自主的珍貴與意義？

朋友頓時豁然開朗。

一個事件，依出場順序，分段處理

只要家裡有兩個孩子的父母親，最頭疼的應該就是面臨手足爭吵該怎麼處理的問題。因為兩個孩子會分別來告狀，公說公有理，婆說婆有理，父母處理不好，就會得到孩子更多的抱怨和崩潰的哭聲，然後越處理，父母就越生氣，最後就不免跟孩子動氣，因為不知道到底誰對誰錯，最後把吵架的孩子統統罵一頓或處罰一輪總沒錯！但是下次孩子吵架，父母就會發現孩子更害怕說真話，因為不管怎麼說，都會被處罰，與其這樣，不如說謊，把所有錯誤都丟給對方就對了。

面對類似的問題，我的處理方式其實很簡單，就是「一個事件，依出場順序，分段處理」。

這是什麼意思呢？

一早，兩姊妹在客廳玩，我在房裡整理東西，突然客廳傳來川川崩潰的哭聲，聲音逼人，而且持續很久，我在房裡雖然距離很遠，但仍舊敞開喉嚨，送出關心，我問：「川川你怎麼了？還好嗎？」

川川立刻來到我房裡，述說著事情經過。

川川說：「姊姊把我從椅子上推下來！」

「推下來？你摔下來了嗎？」

「對！」

「怎麼會這樣呢？有受傷嗎？」

「有，我好痛，手和腳都好痛！」

我心疼的看著川川的手和腳，說：「有流血嗎？過來給媽媽看看。我等等去問姊姊怎麼會把你推下來呢？」

川川見我很認真的對待她跌下來的事件，她內在被溫暖了，立刻小聲說：「沒有流血，還好沒怎樣。」

隨後，我來到客廳，發現一隻椅子倒在地上，三三站在旁邊看著我。

我問三三：「怎麼了？椅子怎麼倒下來了？」

三三說：「沒什麼，沒發生什麼事。」

我問：「川川說她被姊姊推下來了，有嗎？」

三三立刻說：「我是在跟川川玩，我沒有故意推她。」

我點點頭：「我相信你不是故意推她，但是椅子倒了，我們應該先把椅子扶起來，請你先把椅子扶起來吧！」

三三聽了我的話，跟妹妹合力把椅子扶正。

我繼續說：「我想知道為什麼椅子會倒，川川為什麼會從椅子上摔下來，你能示範一下給我看嗎？」

三三為了證明自己的清白，況且因為沒有被責罵，所以立刻示範了她和妹妹玩的過程，一邊示範一邊說：「我真的是在跟妹妹玩，但是不知道怎麼回事，椅子就被推倒了。」

我理解的點著頭，回頭問川川：「姊姊說她是在跟你玩，你呢？也是在跟姊姊玩嗎？」

川川猶豫的搖搖頭說：「好像有玩又好像沒有玩，但是我覺得姊姊是故意把我推倒的。」

聽到這裡，不管是有玩或沒玩，其實已經不是我想理解的重點了，因為那牽涉到姊妹倆各自觀點不一樣的問題。為了處理手足紛爭，所以我選擇回到事件本身。

我對三三說，既然我們不小心把川川推倒了，害她跌倒是事實，我們應該怎麼處理？

三三反駁說：「可是剛剛川川也有打我，而且打我十幾下，還踩我的腳。」

我知道，假如我在這個地方跟著三三的指責去質問川川，那麼問題將會無限延伸，事件永遠沒辦法告一段落，於是我跟三三說：「我先處理川川的跌倒，至於你被妹妹打的部分，我們晚點再處理。」

這就是我所謂的「一個事件，依出場順序，分段處理」。因為一件事情是由許多小事件所組成，而按照這些小事件發生的先後順序，個別處理孩子的情緒與感受，這就是分段處理的方法。

三三聽了，向妹妹說：「剛剛對不起，把你推倒了。」

川川爽快的回：「沒關係。」

妹妹被推倒這件事，因為川川不再有情緒，所以川川的感受部分算是告一段落了，至於三三遇到的情緒，我因事件被告知的順序，才回過頭來處理。

我說：「川川，剛剛姊姊說你摔倒後有打她，是嗎？」

川川點頭說：「對，誰叫姊姊推我。」

我說：「姊姊推你，是姊姊不對，所以她剛剛跟你道歉了。我們打人也不對，你打了姊姊，所以我們要怎麼辦？」

川川擺出狂放不羈的姿態，眼睛看著天花板，散漫的說：「好啦，對不起。」

我提醒川川：「真心道歉是要看著對方的，你這樣只有嘴巴道歉，但好像心裡不想道歉呢！」

川川聽了立刻看著三三，姿態擺正的說：「姊姊對不起。」

三三也回說：「沒關係。」

這件事因為沒有人再提出其他的情緒，也就完成該處理的步驟。

有的時候，手足吵架事件很小，但孩子情緒很多，父母聽著雜亂的情緒就不自覺的亂了方寸，但只要依照事件發生的順序，分段處理孩子的情緒和感受，問題就會相對簡單容易許多。

處理手足爭執，目標是：「照顧到每個孩子的感受，讓每個孩子覺得自己被關愛」；而處理的過程與原則是：「一個事件，依出場順序，分段處理」。只要我們目標明確，原則清楚，處理孩子紛爭就不會被情緒牽絆，親子關係也會更加融洽。

正視恐懼，引導孩子擁有正確價值觀

前幾日，洗澡間裡突然傳出三三崩潰的尖叫。

走近一看，原來是俗稱「旯犽」的高腳蜘蛛出現在廁所裡。

由於旯犽長得很可怕，因此整個洗澡的過程，三三幾乎是開著門要求大人全程陪她洗澡，而她則拚命用最快的速度沖洗完成，然後全身發抖的奪門而出。

三三直嚷著：「好恐怖好恐怖，好想踩死牠，但是我連踩死牠都好害怕，太可怕了。而且我好怕牠突然朝我跳過來，怎麼辦？」

我想起小時候，家裡也經常出現高腳蜘蛛，而且可能鄉下地方食物供給充足，因此一隻比一隻還巨大。每每看見牠們，我也是全身打顫，驚恐萬分，非得要置牠於死地才能重生，所以我也像三三一樣，扯著嗓，大叫著我父親前來幫我殺敵。

人因未知而恐懼，我和三三都一樣，並沒有因為早點出生而比較勇敢。隨著知識增長，慢慢知道旯犽個性挺無害的，是一種大型室內棲息蜘蛛，不但會幫家裡吃些蟑螂、飛蛾等蟲，而且只有晚上才出來覓食，平常白天就乖乖躲在衣櫥或牆壁的夾縫中，完全不想擾民，是一隻好處多多的節肢動物呀！

我想著生命自有其權利，就像狩獵民族長久以來的信仰，他們獵取獵物的守則是只取自己所需，絕不會為了好玩或貪心獵取多餘的動物，更不會在交配或懷孕的季節上山狩獵。

之前曾經帶著三三和川川上山找隱居山林的螢火蟲專家朋友。這位老朋友在帶孩子上山前，和孩子說明他居住環境的規章，他說他的住家不只是他一個人的，而是所有昆蟲都可以來的家。在這裡，是他住進昆蟲家（大自然），所以我們是客人，他們才是主人，因此要尊重這些昆蟲們的居家權益，所以除非是不小心踩死，或那昆蟲是會危害生命的，否則不能故意去傷害他們。

朋友說，我們都是食物鏈裡的一環，你不知道殺死的是哪個動物或昆蟲重要的食物，造成食物鏈的失衡就不好了，就像螢火蟲專吃蝸牛（軟體動物），所以每一隻蝸牛對螢火蟲寶寶而言是極為重要的呀。

我還記得當時我回頭看著三三和川川，因為兩姊妹在褓母家最大的娛樂就是踩死蝸牛，在褓母的教育下，蝸牛是害蟲，會吃菜園的菜，所以得清除牠。

當時的三三聽了昆蟲朋友的話，才改變踩死蝸牛的想法。

我們用什麼樣的觀點來教育孩子，孩子就會用什麼樣的眼光來看世界，如果大人們給予更宏觀的觀念來教養孩子，孩子的視野和胸襟也將會變得更開闊。

我無需壓抑三三對高腳蜘蛛的恐懼，因為那是很自然的情緒反應。我陪著三三查資料，告訴她，高腳蜘蛛是好蜘蛛，牠會吃掉躲藏在家裡的蟑螂和飛蛾。牠對於你很怕牠這件事或許也感到很抱歉，因為牠一點都不想打擾你。牠其實比你更害怕，因為你那麼大隻，牠又這麼小隻，你隨便一抬腳，就會把牠踩扁扁。而且呀，你剛剛說好害怕牠會朝你跳過來，事實上，牠不像其他蜘蛛，牠根本不會跳，所以如果你一腳朝牠踩過去，牠肯定沒辦法逃。為了保護自己生命，也避免我們會怕牠，所以牠白天都躲起來，到了晚上肚子很餓的時候才出來吃飯。我想，牠剛剛會讓我們看到，一定是因為肚子太餓了，所以才冒著生命危險跑出來，但是牠才一出來就被你看到，而且你剛剛還叫這麼大聲，牠肯定也嚇壞了，所以牠一定也在求老天爺救救牠，不要被我們踩死。

三三聽完就笑了，心情也美麗了，因為她已經認識了高腳蜘蛛，所以不再那麼的恐懼。三三的爸爸趕來，說要幫三三殺死蜘蛛，三三急哭了，直說不要殺死牠，雖然她還是很怕牠，但是三三知道牠是好蜘蛛，所以不希望牠死。最後，爸爸說，那麼下一次如果爸爸看到，再把高腳蜘蛛放到窗臺外面去生活吧！三三聽了，才開心的笑了。

倒是一旁的妹妹卻哭了，因為她說高腳蜘蛛很可愛，她不要蜘蛛走！

看著淚流不止的川川，我知道，這將是另一個可愛的議題。

練習5

覺察觀點的不同，一起面對

觀點不同，造就了不同的立場。

有時，與孩子對話陷入僵局，不妨換個立場看看。別強迫孩子進入我們認為對的觀點，稍微改變一下我們看事情的觀點，世界會因此變得非常不一樣。

刺穿行為底下的訊息

暑假的某個週五晚上，三三和川川游泳課剛下課，我和爸爸領著兩姊妹去一家快炒店吃飯。

一家四口看起來幸福洋溢，爸爸大口吃著有點重口味的黑嚕嚕，媽媽則忙著分配兩姊妹的餐點。

餐桌上，兩姊妹的面前各自放著一瓶不太搭調的運動飲料。因為平常我是不會買甜飲給孩子喝的，一來怕孩子習慣，二來怕有過敏體質的三三喝太多甜飲容易咳嗽，所以飲料這種天外飛來的禮物，不太可能會出現在我們家裡。

面對好不容易得到的好喝飲料，兩姊妹因為個性不同，展現出不一樣的對待方式。川川個性豪邁，不時拿起飲料牛飲，但也因為喝相太豪邁，所以瓶子裡的飲料盡是妹妹嘴裡的菜渣。

反觀三三，因為個性拘謹小心，總是把最喜歡吃的食物留到最後，但看妹妹不停的喝著飲料，讓她也忍不住在吃飯過程喝將起來。但她喝的方式非常小心，非常小口，非常珍惜，彷彿把飲料當寶貝似的，只用嘴唇抿一小口，就算已經喝了很多次，瓶子裡的飲料還是幾乎呈現全滿的姿態。

三三每喝一口，我總是不放心的提醒她：「喝小口一點，你不能喝太多，因為你的氣管……」

她點頭回應：「我有氣喘，所以不能喝涼的，我知道。」

這時，一旁的爸爸把眼前餐盤裡的晚餐都吃完了，隨後坐在椅子上等兩姊妹吃飯。等得發慌之際，突然看向川川，又看向三三，然後開口說：「三三，來，給爸爸喝一口。」

三三立刻回應：「我不要！那是我的。」

爸爸心裡不是滋味。可能是工作累了，也可能是被拒絕心裡不好受，所以生氣的說：「什麼不要，這瓶飲料也是你媽媽用爸爸賺的錢買的！所以嚴格來說，這是爸爸的飲料，不是你的。」

三三聽了拚命搖頭。「不是不是，那不是媽媽買的。」

爸爸不相信的問：「不是媽媽買的？那是誰買的？」

我說：「那是同學的媽媽買給她們的，因為下午太陽大，同學媽媽怕她們上游泳課會口渴，所以幫她們買的。」

爸爸聽完不死心，回頭對三三說：「你真的不給我喝嗎？那我以後買的飲料也不給你喝。」

爸爸的情緒上來，慣性的用情緒來處理事情，要脅著三三。

一旁的妹妹聽了，立刻遞上自己的運動飲料：「爸爸，我的給你喝。」

爸爸摸摸川川的頭說：「你很乖，很大方，不像姊姊。」但爸爸低頭看看飲料，眉頭都皺起來了。瓶子裡都是菜渣，誰敢喝呀？

三三看見川川被稱讚，猶豫了很久，最後遞出了瓶子給爸爸，說：「爸爸，我的給你喝。」

爸爸很開心，點點頭說：「這樣才乖。」

爸爸打開運動飲料，像妹妹一樣豪飲了一大口，原本九分滿的瓶子，立刻變成七分滿。

姊姊立刻耷拉下臉，要求著說：「爸爸你等一下要買一瓶全新的還我，我不管啦，你一定要買全新的還我啦！一定要、一定要！」

爸爸聽完立刻大怒：「你這是什麼態度！你剛剛自己答應要給我喝的，現在我喝了一口你又後悔，你真是太小氣了，你是個小氣鬼！」

爸爸一時不察，慣性的進入指責的行為。

聽完爸爸指責，三三的表情痛苦，嘴唇緊咬，臉色漲紅。不到幾秒鐘的時間，三三崩潰出聲。

爸爸的教訓，不但無法讓三三冷靜反省，反而引發一場更大的山洪爆發。

三三最後嚎哭：「那是我的飲料，我借你喝了，你要還我一瓶新的！」

爸爸說：「好，還你就還你，等一下出去，我就買一瓶新的還給你。以後我買的任何東西，你也不准吃，因為那些都是我的，聽到沒有！」

爸爸繼續用情緒來對抗三三的情緒。

我坐在旁邊，看著這一對父女的爭執，知道兩個人都在情緒上卡住，一時之間應該是下不了。

因為旁觀，所以我可以清楚的看見三三行為底下的訊息，但爸爸疲累了，只能看見冰山頂上的行為，那行為裡充滿著：小氣、愛計較、不願意分享，有好東西只想獨吞、一點也不討喜的性格。

所以在面對這麼小氣的女兒，爸爸也想以牙還牙。想當然爾，這方法很不好，當然引來三三更多委屈、憤怒與不滿，於是整間餐廳都是三三崩潰的哭聲。

反觀川川，在爸爸眼中顯得可愛多了。雖然飲料裡吐得都是菜渣，雖然她豪飲之後瓶子裡只剩一點點飲料，但至少她願意分享。雖然爸爸不太敢喝滿是菜渣的飲料，但在他內心感受上，明顯感覺到川川的貼心和溫暖。

但事實真的如爸爸看到的這樣嗎？三三真的是個小氣過頭，愛計較的女孩嗎？川川真的就比較大方嗎？

其實如果我們能從另一個面向與觀點來看，就能看見三三其實是個非常珍惜物品的孩子。她從小玩的玩具或穿過的鞋子，都非常完好，可以順利交接給川川。而川川呢？因為個性爽颯，毫不在乎，所以她的東西沒有一個是完整的。換句話說，川川簡直就是個破壞狂。

因為知道三三的行為底下透露的訊息，我拍一拍她的肩膀，給她一個小小的支持力量。

我說：「你委屈了，三三。媽媽知道這瓶飲料對你的意義。因為你患有氣喘，氣管最害怕冷熱的變化，所以為了保護你，不讓你的氣喘發作，平常媽媽限制你只能喝溫熱的水。這種冷飲，你今天是第一次得到，所以特別珍惜它，特別捨不得喝它，每次喝總是一小口一小口的喝，是吧？」

三三的眼淚如雨，彷彿終於有人能懂她。

我又說：「這麼珍惜的飲料，爸爸想借一口來喝，你很捨不得給爸爸，但是為了表現給爸爸看你不是小氣鬼，所以想了很久，決定要做個好孩子，才答應要給爸爸喝，是吧？」

她點頭流淚。

我說：「但是你一看到你那麼捨不得喝的飲料，一下子就被爸爸喝去一大口，你感覺自己努力這麼久不喝，一下子就被爸爸破壞掉了，心很痛，所以忍不住要求爸爸還你一瓶新的，是吧？」

三三崩潰大哭，不停點頭，彷彿這輩子終於有人懂她似的那樣委屈哭著。

我轉頭對爸爸說：「請不要怪孩子小氣，因為你喝的是她這些年來從來不曾得到過的飲料，而她一整個下午就是那樣小心翼翼捧著它、珍惜它，絲毫不敢喝太多，深怕這一小瓶飲料會被她一下子喝完了，結果，你拿過去就是那麼一大口，她自然會心疼。」

爸爸反駁：「心疼就不要借啊！借了就不要心疼啊！你看妹妹多大方……」

我說：「她想做個好孩子，即使她心疼，但也一直努力想符合你的期待，想要做個討你喜歡的好孩子。請你珍惜她這份努力。還有，妹妹這麼大方，你怎麼不喝她的飲料，卻選擇喝姊姊的？不就是因為姊姊是個很珍惜東西的孩子，所以她的飲料就維持得像新的一樣乾淨，不像妹妹瓶子裡滿是毫不在乎的菜渣，所以你喝下的其實是姊姊珍惜事物的性格，不是嗎？」

爸爸聽完，啞口無言。

世界最具影響力的美國首席家族治療大師維琴尼亞．薩提爾（Virginia Satir）說過：「**問題的本身不是問題，你怎麼面對問題，才是真正的問題。**」

當三三的行為表現出問題，爸爸覺得是問題，但我因為看到行為下面隱藏的訊息，所以並不覺得三三的行為是問題，反而因為看見她珍惜事物的用心，而覺得她是個懂得惜福且如此美好的孩子。

每個孩子都有他獨特的特質與正向優點，有時我們覺得是缺點的性格，其實反向來看，就是孩子最強力的資源與優點，所以不管孩子展現出什麼令人頭痛的行為，只要我們刺穿行為底下所透露的訊息，所有頭痛的性格，都會是一場誤會。

每個孩子都值得我們正向看待，並且溫柔的貼近，孩子將會回報我們無限的愛。

是無理取鬧還是另有隱情？

哭鬧、生氣，是人與生俱來的能力，也是孩子最原始的表達方式，但大人往往只覺得煩，只想趕快叫他閉嘴，卻忘了正視孩子哭鬧的背後所隱藏想表達的內容。

自從二女兒川川來到這個世界之後，大女兒三三開始會爭寵、吃醋、發脾氣。

有一天，我送給三三一個手做的氣球米妮人偶，三三好喜歡它，堅決帶米妮氣球一起坐車。

於是我開著車，載著三三、川川，以及一個超大隻的米妮氣球出門。

但問題來了，氣球非常大，所以米妮不管怎麼放，有一部分就是會卡在妹妹前面，那時才五個月的妹妹，下意識抓著氣球不放。接著，就聽到三三在車上亂吼尖叫：「不要碰！不准碰！」

我試著解釋：「妹妹覺得米妮很漂亮，也想一起玩呀！不然你就將米妮收好，不要讓妹妹碰到！」

不管我如何解釋「米妮因為太大了，一定會碰到妹妹」，三三依舊大聲嚷嚷。就在我下意識認定三三在無理取鬧時，體內的警醒鐘被敲響，我覺察到我一直在用自己的觀點看孩子鬧脾氣，因此越看只會越惱怒。我不自覺的後退一步，看著正在發脾氣的三三，想著自己怎麼忽略了用三三的觀點去看這件事呢？

我立刻試著從三三的角度去看這件事，然後我懂了，三三之所以這麼憤怒，是因為她覺得「自己」的氣球就要被「搶」走了呀！

探索到可能的原因後，我語氣堅定且和緩的說：「三三，這個氣球是媽媽買給三三的，它就是三三的，不管米妮被誰摸過，它還是屬於三三的。如果有人想搶走，媽媽會幫你搶回來，因為它永遠是你的。」

說完這句話，神奇的事發生了。三三平靜下來，並大方的將氣球分享給妹妹。

有時與孩子的溝通就是這麼簡單。孩子還小，表達的方式不夠精確，只要多探索孩子內在真正的渴望，親子間的溝通也就跨出了一大步。

有時，與孩子對話陷入僵局了，父母換個立場，別強迫孩子進入我們認為對的觀點。讓我們稍微改變一下看事情的觀點，世界會因此變得非常不一樣。

引導孩子轉換觀點，從對立到相愛

有天晚上，趁著一一還沒回家前，我處理兩姊妹的晚餐和上床前的準備。沒想到吃完飯後，我才離開一小會兒，客廳立刻傳來三三的哭聲。

我趕到客廳詢問三三怎麼了，她抽抽答答的回答，剛剛妹妹用畫板畫畫，硬要逼她看，她不想看，妹妹就一直把畫板推到她面前。她不喜歡，就用手把眼睛遮起來，妹妹不死心，去拉她的手，逼她看。她堅持不看，妹妹第二次去拉她的手，硬把畫板貼在她的眼睛上。她生氣，叫妹妹不要再這樣做了，但是妹妹不但不聽，還吐她口水！

三三又氣又委屈的哭著。

我轉頭詢問川川，是這樣嗎？

川川是個天性很愛打岔的孩子，她只回了我一句：「我沒有吐姊姊口水啦……」

然後往我身上蹭，把身子坐在我大腿上。

我請她站起來，看著我，確認她的焦點在我眼睛上，又問了一次：「發生什麼事，你可以告訴我嗎？」

結果三三搶先哭著說：「媽媽我沒騙你，事情就是我說的那樣。」

我說：「我相信你說的，但有時候我們的看法不一定是妹妹原來的意思，所以媽媽得問妹妹的想法。」

結果一轉頭，個性打岔的妹妹用一種全身癱軟的姿態，上半身躺在沙發上，完全不想面對焦點。

我把她扶起來，說：「你不用害怕，媽媽不是要罵你，媽媽只是想聽聽你的想法。你有吐姊姊口水嗎？有把畫板放在姊姊的臉上嗎？」

川川有點彆扭，小聲說：「我沒有吐姊姊口水，我只是這樣『噗』一下，不是要吐姊姊口水。」

「那你為什麼要這樣『噗』一下？是因為生氣還是因為什麼？」

川川說：「因為我畫了高音譜記號啊，我想問姊姊，我這樣畫對不對，可是姊姊都不看，我想叫姊姊看嘛……」

核對完事件，再比照一下兩姊妹的性格，我大概能理解事情的來龍去脈以及情緒的來由了。

三三還在一旁哭泣，我給了些安慰，表示知道她很委屈，知道她沒有反擊回去是多麼的忍耐，我給了她正向回饋。三三沒有因此不哭，於是我轉頭問川川：「雖然我們不是故意把姊姊弄哭，但是姊姊哭了，我們該怎麼辦？」

川川立刻向姊姊道歉，不過姊姊不領情。川川遞上自己的手帕，要給姊姊擦眼淚，但姊姊生氣拒絕了。

我在中間緩頰，跟川川說：「這條手帕是你的，姊姊不敢擦，你趕快到房間拿一條新的手帕給姊姊擦。」

川川因為自責讓姊姊哭了，所以像馬一樣飛奔去拿手帕，我則在等待的過程提醒三三：「川川有反省了，她想安慰姊姊，不要讓她一直處在被拒絕的狀態裡太久，好嗎？」

川川回來後，三三表面上的行為似乎聽懂我的話。她接過川川的手帕，但內在還在生氣，氣川川欺負她，所以情緒一直走不出來，她一直把怒氣發向不停賠不是的川川。

三三說：「你很壞，一直弄我，我不想理你。」

川川像洩了氣的氣球坐在椅子上哭了起來，不一會兒又奔到房裡大哭特哭。

三三坐在客廳，還在氣焰上，不停問我：「媽媽，川川真的很壞，對不對？」

她應該是想得到我的認同，然後就可以站在同一陣線一起罵川川吧，我想。

我腦子轉了個彎，心裡想的是，**得把她們兩人的愛傳遞出來給彼此才行，否則情緒只會越來越糟，情緒產生出來的化學情緒會越繁衍越複雜，無助於溝通。**

於是趁妹妹川川哭泣的空檔，我對三三說：「其實妹妹很愛你。」

三三說：「哪有，她吐我口水耶，我只是不想看她的畫，她就吐我口水。」

「三三，你如果畫完一幅新的畫，你最想拿給誰看？」

「當然是爸爸還有媽媽。」

「爸爸媽媽是不是你最喜歡的人？所以你才會拿給我們看？」

「對啊！」

「你會拿畫給你討厭的人看嗎？」

「當然不會！」

「所以囉，你覺得川川為什麼拿畫給你看？」

三三靜默幾秒後，小聲說：「川川喜歡我，所以才想拿給我看。」

「是呀！正是如此。」

「可是她吐我口水耶！」

「妹妹很愛玩嘴唇振動的遊戲，所以我不認為她是想吐你口水。」

「那她幹嘛要對我這樣『噗——』！」

「這樣吧，我們換個方式想一想，如果你拿畫給我看，媽媽卻跟你說：『我不看我不看！』不但把眼睛閉起來，還用手把眼睛遮住，你覺得你會開心還是生氣？」

三三又沉默了許久，才說：「我會生氣。」

「所以我覺得，川川之所以會『噗』一下，是因為她被最愛的姊姊拒絕了，她又不知道該怎麼辦，所以會忍不住『噗』一下，你覺得呢？」

三三點頭說：「應該是吧，要是我會更生氣，就不只會『噗』一下了。」

「所以妹妹很愛你呀！你愛妹妹嗎？妹妹等一下哭完應該就會回來找我們了，我們該怎麼對她才好呢？」

果然沒多久，爽朗的川川哭完回來了，躲在客廳的簾子後面，不敢走到客廳來。

我說：「川川，你回來啦？要來吃東西嗎？」

川川說：「我不要！我生氣！」

三三在一旁打圓場說：「好啦，不要生氣了，姊姊跟你說對不起，對你這麼兇，又不看你的畫，對不起。等一下我畫一個正確的高音譜記號給你看好不好？」

川川說：「好，可是我要擦鼻涕，媽媽我的手帕咧？」

三三說：「媽媽，你拿我的手帕給妹妹擦鼻涕好了，我不用了。」

兩姊妹的情感，在那一刻，融向了對彼此的愛。

父母的功能，不在於仲裁事情的對錯，不在於解決事件，而在於引導。因為事情永遠沒有對錯，只有觀點的不同。適度的引導，可以讓孩子明白事情不只有一種看法和感受。

幫助孩子轉換觀點，讓兩姊妹在很快的時間裡走完情緒歷程，走向了彼此，也走向了愛，絕對是每一次在孩子爭執中工作的唯一核心。

跳脫觀點，問題永遠不是問題

朋友對我說了日前她與九歲的大女兒發生衝突的事。她的大女兒已經上小學三年級了，個性算是溫順懂事，但週五的晚上，她臨時提前去接孩子放學，沒有讓孩子去安親班，因為她想帶孩子回娘家陪媽媽吃頓飯，盡一點孝心。

沒想到此時大女兒卻崩潰大哭，因為她在學校和同學說好了，兩人相約安親班結束後，晚上七點要一起去對面的公園玩。沒想到媽媽一來，就害她不能履行承諾，所以大女兒情緒打結，開始又哭又鬧又崩潰，而且一哭就是一兩個小時。

朋友說，她好說歹說解釋了好久，女兒照樣崩潰哭泣，像個失心瘋的人，完全聽不進去她說的任何話。她只好下了一道最後通牒：「那你在家等爸爸下班好了，我帶著妹妹自己去阿嬤家。」大女兒最後大哭大叫，急著穿鞋穿衣，衝上街去扭著不情願的雙腳，和母親去搭車。

朋友問，下次如果又遇到這種事情，該如何處理呢？

在回答問題之前，我很好奇她在過程中，究竟是跟女兒說了什麼話？

朋友說，她真的是發揮極度的耐性，跟女兒分析這件事情。她對女兒說：「我已經很久沒去看我媽媽了，我很希望你能陪我回去看我媽媽，並且讓我跟我媽媽一起吃頓飯……」

我點點頭，覺得朋友說的話很有情理，她把她的需求用很一致的語言向女兒表達，這很了不起。

朋友又跟女兒說：「我跟我的媽媽吃飯有錯嗎？是我的媽媽比較重要，還是你的同學比較重要？而且你的同學還是天天能見面，我的媽媽要很久才見到一次耶！」

朋友理直氣壯的說：「我這樣說沒有錯吧？但是女兒根本不聽我說，一直哭。」

我點著頭，知道朋友與女兒之間問題出在哪裡了。

在薩提爾模式裡的冰山理論，解構了一個人從外顯的行為到內在的渴望，就像冰山一樣，一層一層承接，哪一層卡住了，情緒會在裡頭轉不出來。朋友與孩子的衝突，是在觀點的這個層次卡住了。

朋友與孩子之間的衝突，按朋友的觀點，完全沒有錯。對她而言，媽媽當然是最重要的，和媽媽抵觸的人，都是無法相提並論的。

但是孩子呢？站在孩子觀點，朋友難道就不重要嗎？與朋友約定失約了，講義氣重信用的孩子，難道就不該生氣嗎？

媽媽如果一直用「我的比較重要」來說服孩子，孩子接收到的訊息，有可能就會變成「我的朋友不重要」、「我說話不算話也不重要」，這是多麼大的傷害與指責？往後我們又該如何教孩子要信守承諾？

我同朋友說：「你的孩子非常棒，看看她的資源，她是一個信守承諾的孩子，她為她說出去的話沒辦法做到而傷心難過，我們怎麼還能忍心苛責她的崩潰哭泣呢？其實我們該為她擁有這麼棒的個性給予最大的正向回饋才是。」

朋友問，那樣能解決問題嗎？

我說：「問題永遠都不是問題，是你怎麼看待問題，才是問題。」

朋友用觀點上的對錯，來評判問題，因此會指責孩子不懂事，但事實上，這個問題站在任何一個觀點，都是沒有對錯的呀！至於怎麼解決，就要看朋友能不能從她的觀點上下來，然後靠近孩子的觀點一些，只要她願意貼近，看看孩子心底的渴望，她應該就可以用比較柔軟的方式處理衝突了。

如果是我面對孩子，我會說：「孩子，你因為跟同學約了，沒辦法履行你的諾言，很生氣嗎？很難過嗎？媽媽知道了，媽媽很抱歉沒有先跟你說今天要回外婆家，害你變成沒辦法赴約的人，但是媽媽看見你這麼重視約定，媽媽很高興，也為你感到驕傲。如果你願意，我陪你去安親班跟同學解釋一聲，告訴同學今天沒辦法去赴約的原因。你覺得這個方法可以嗎？」

正向看待孩子的資源，給予回饋，並且告訴孩子，因為自身的緣故而帶給孩子的困擾感到抱歉，也一致的向孩子說明，自己渴望見到母親的思念，我想，**如此一致性的對話，再怎麼崩潰啼哭的孩子，都會被輕輕觸碰與安撫心底最底層（冰山底層）的「渴望」與「自我價值」。**

透過這樣的方式，問題將不再是問題，而是上天賜給身為一個母親（父親），貼近孩子最珍貴的機會。

在爭執的夾縫中，找到愛的連結

週六的晚上，按早就排好的行程，帶孩子去看木偶劇。原本打算自己帶三個孩子去，後來孩子的爸爸說，工作四點就結束了，六點可以回到家，趕得及七點半的戲，他想和孩子們一起去看戲。

這是親子難得的時光，我自然是同意且高興的。只是，孩子的爸爸最後被工作耽擱，回來的時間比預定晚了許多，出門時幾乎已經遲了。

限時壓力下，永遠是考驗親子關係的時刻。

我匆匆把車開離車庫，孩子的爸帶孩子們上車，但川川不知時間緊迫，一上車就開始玩耍，拿了把大扇子這裡搧搧、那裡搖搖。孩子的爸不停的勸說川川好好坐下，讓他趕緊繫上安全帶，好出門趕看戲的時間，但川川不聽，依舊嘻嘻哈哈玩著扇子。眼看孩子的爸要發怒了，這時候一旁的三三想幫爸爸的忙，一把將川川緊抓的扇子搶走，只是扇子割到川川的手，她痛得哇哇大哭，原本父親與二女兒的戰火，最後卻意外演變成父親與大女兒的戰爭。孩子的爸怒斥三三為什麼要搶妹妹的扇子，這樣讓妹妹的手很痛！

本來是很單純的想幫爸爸，最後卻挨了罵，三三自然不開心，一路上生著氣，但為了家庭和樂，她還是憋著氣向妹妹小聲說了對不起。我則為了開車趕路，也沒多說什麼。

到了目的地，戲劇表演剛開始。顧不上停車，我先讓兩個女孩跟著爸爸下車去看戲，我和兒子則繞去一旁停車場等車位。

因為沒有預留等車位的時間，我和兒子就這樣等了足足五十分鐘，好不容易停好車，趕去看戲的時候，工作人員表示戲劇只剩最後十分鐘，無法再進場觀賞了。聽到這結果，我的內在有各種情緒在亂竄，有委屈、憤怒、遺憾等等各式的情緒。我滿懷怒氣的想著，如果孩子的爸能準時回來，我就有多一點的時間可以停車，就不會為了等車位弄得如此狼狽，錯過了一場好戲。

我似乎把沒看到戲劇演出的過錯，一股腦兒都塞給了孩子的爸。

情緒一來，我的覺察也慣性的啟動了。慢慢的，我釐清了各種情緒的來由。其實我是因為有期待，期待今天的戲，期待孩子的爸能準時，期待一切都能按照自己想像中的規劃那樣順利，當期待落空的時候，我自然就出現各種情緒。

但認真想想，這其實都是我自己的安排。是我同意等孩子的爸回來一起出發，我明知道孩子的爸容易因工作延遲回家的時間，即使知道，我還是願意等待他，因此我得擔負起決定的後果。這麼一想之後，我的怒氣消了泰半，等到孩子們看完戲出來，我只淡淡的和孩子的父親說，我真的很想進去看戲，可惜沒看到，我很難過，希望下次我們能提早出門，我就能看到了。

說完，對此事，我也就輕輕放下了。

看完戲，帶孩子上了車，車子開往回家的路。路上，孩子餓了，在車上搶食著一包零嘴。三三先搶到手裡吃著，川川要吃的時候，我同三三說：「請拿一些給妹妹吧！」三三卻直率的回我：「不要啦，這樣會把我的手弄髒耶，而且我又不喜歡川川，所以川川要吃就自己拿，給你、給你。」

說完，三三把整包零嘴都塞給了川川。川川拿著零嘴就往嘴裡塞了許多，三三在一旁看了又嘴饞，嚷著說：「換我了，給我、給我。」

結果孩子的父親這時候回頭看著三三，我也同時回頭看了一眼孩子們。孩子的爸從他坐的位置看出去，恰巧看見三三搶奪川川手裡的零嘴，爸爸因此生氣了。他怒斥三三：「你在幹什麼！剛剛來的路上就叫你不要搶東西，現在你又搶！」

爸爸一憤怒，本來是姊妹之間的問題，又演變成父女之間的紛爭（這對父女在我開始使用好的對話的初期，因為過去的慣性還在，總是屢屢出現戰火）。

其實從我的角度看出去，我看到和爸爸不同的觀點。

我看到的是三三伸手向川川索拿零食，而川川點頭後主動把零食遞向姊姊的方向，然後才放開手讓三三拿去，並沒有搶奪的問題，否則憑川川的個性，被搶了東西之後，肯定會大哭大鬧。

三三一聽見爸爸怒斥，委屈和憤怒的情緒也上來了，她瞬間在後座憤怒大哭起來，不停的說：「我沒有搶！你誤會我了！」

但是爸爸聽不進去，一股腦兒的罵著。

我拍拍爸爸的肩膀，輕聲的回頭問川川：「川川，姊姊有搶你的零食嗎？」

川川回答：「沒有啊！」

我又問：「那姊姊拿走零食，你有生氣嗎？」

川川說：「沒有啊，是我給姊姊的，因為姊姊要吃啊。」

聽了這些話，三三的委屈和悲傷更湧上心頭，她奮力吼著：「爸爸你好壞，你嘴巴壞，你說要改的，你都沒有改，一直說難聽的話，我最討厭爸爸了！」

爸爸怒氣未消，聽了三三的話，又忍不住動怒：「你說話有很好聽嗎？你自己也說要改，有改嗎？零食就算沒搶，但是剛剛的扇子難道沒有搶嗎？」

兩人的怒氣完全找不到鬆懈的出口，毫不留情的向彼此攻擊著。

我一邊開車，一邊思索著，這是什麼樣的局面？在這混亂的戰爭中，我能做些什麼呢？

三三的情緒被爸爸擠壓到邊緣，突然厲聲哭著大吼：「我最討厭星期六和星期日了，我本來很期待放假爸爸媽媽會帶我出去玩！可是每次星期六和星期日我都一直被罵，早上被媽媽罵，晚上被爸爸罵！我討厭星期六和星期日！」

三三的嘶吼聲悲傷而痛苦，傳到我耳裡，我也不禁紅了眼眶，心疼著她小小心靈的苦楚。那天早上她剛經歷練鋼琴和媽媽摩擦的事，晚上又委屈的被爸爸指責，這樣的假期，任憑誰都會討厭吧！而三三才六歲呀！

爸爸這時開口：「誰喜歡這樣的星期六和星期日，你和妹妹每天吵架，我也不喜歡，不然假日你們都去婆……」

我知道爸爸要說什麼，但我拍拍爸爸的肩膀，要他別說了，這話說多了，都會成為助燃的油，不會改善彼此的關係。此刻三三仍舊在後頭淒厲的嘶吼著討厭週六日的話語。

爸爸說：「我就是看不下去她一直欺負川川。」

我說：「川川都沒說什麼了，你在氣什麼呢？」

爸爸說：「但是她剛剛明明就真的有搶川川的扇子。」

我說：「搶扇子的事情已經過去了，三三已經道了歉，那件事情已經結束了。至於搶零食，妹妹都說姊姊沒搶了，你就不要太過生氣了……」

爸爸說：「我就是看不過去她這樣的行為！」

我說：「你看不過去因此生氣，你得為你自己的情緒負責。其實，我明白你的心情，有時候我也會看不慣，但是很多時候我們得放手讓孩子自己相處。川川自己都說沒關係，我們又何必硬要介入我們自己的觀點，對不？」

三三此時的哭聲稍微緩和了，但聽得出她委屈仍在。

我對三三說：「三三，你很討厭星期六和星期日的心情，我聽到了，媽媽知道了。」三三聽到我的話，立刻又委屈的狂哭起來。

我說：「對不起，讓你這麼討厭假日，爸爸媽媽做得不夠好，是我們的問題。三三，媽媽要對你說，我很高興你本來很期待假日，這代表你喜歡跟爸爸媽媽在一起，對嗎？」三三哭著說對。

我又說：「我也好喜歡跟你們在一起，我也好想要給你們一個很棒的假期，所以只要爸爸媽媽的時間可以，媽媽就一定會努力安排好玩的活動給你們，只是呀，假日意味著你和弟弟妹妹都在一起了，彼此的爭執也會變多，不停的吵架，會讓媽媽情緒一直很緊繃，所以，請你一定要原諒媽媽，有時候面對你們姊弟三個人吵吵鬧鬧的時候，比較沒耐性，但是媽媽要你知道的是，不管發生什麼事，媽媽一直是愛你的。」

三三的情緒慢慢下來了，但是她說：「我知道媽媽愛我，可是爸爸不愛我。」

我停頓了幾秒鐘，再緩緩的說：「今天爸爸一整天工作，很累很辛苦，但是他一聽到我們要去看戲，沒有對我們說累，一定要陪我們去，你知道為什麼嗎？」

三三搖頭。

我問：「你和川川和一一，誰最喜歡看戲？」

三三想了想，說：「川川剛剛看戲一直很害怕，弟弟如果進去了應該也會哭，所以應該是我最喜歡看戲了。」

我說：「是啊，三個孩子裡面，你最喜歡看戲了，那為什麼只有你最喜歡看戲，媽媽還要安排看戲的活動？而爸爸又為什麼要來陪我們？明明只有一個孩子愛看戲呀？為什麼呢？」

三三沈默不語。

我說：「那是因為我和爸爸都愛你。三三，我們都很愛你。」

車子裡，陷入長長的寂靜。寂靜中，我聽見三三的鼻息聲柔軟了，聽見爸爸的胸膛起伏柔軟了，我感受到滿滿的愛，在車子裡四處流竄，給予剛剛還陷在風暴的每一個人平和的氣息與光。

父親，不公平的愛

父親過世已經一年了，思念依舊如影隨形。

日前有則新聞，一個十六歲的哥哥，殺死十五歲的妹妹，原因只是因為妹妹在家裡跳繩。但其實想殺死妹妹的更大原因是，父母總是要他讓妹妹，讓他感覺父母不愛他，只愛妹妹一人。

此新聞當時在社團群組內傳開，每個媽媽都感覺悲傷且感慨，紛紛說起自己的成長過程。

一個朋友說，她從小就討厭妹妹，因為父母總是要她讓妹妹，從出生到長大，無時無刻都叫她讓，理由是，她是姊姊而妹妹年紀還小，所以得讓。但是這一讓，讓了三十年，讓出了姊妹之間的一條大鴻溝，讓出了對父母的憤怒與不公平的情緒。

這是教養上的難題。

站在父母的立場，兩個孩子站在面前，一個是剛出生的寶寶，一個是五歲的大孩子，父母會對哪個孩子比較容易出現期待？

這問題似乎有些籠統，讓我們換個方式再問一次。

一個剛出生的寶寶和五歲的孩子同時在父母旁邊哭泣，一個是肚子餓（也可能是尿布溼，也可能身體不舒服）的哭泣，一個是為了得不到的玩具哭泣，而且那玩具還是寶寶的安撫玩具。如果你是父母，會如何面對這兩個同樣哭泣的孩子？

沒有意外的話，父母通常會憐愛的抱起嬰兒，畢竟嬰兒懂什麼呢？嬰兒無法說出自己的需求，也聽不懂爸媽的話，他能做的只是哭，身為父母只好給予無限的愛來包容。至於稍微年長的孩子，已經教了這麼些年，語言能講會聽，居然還這麼不懂事，因此父母自然怒斥吵著要搶寶寶玩具而哭泣的孩子。

為什麼同樣是哭泣，父母對待的方式差這麼多？

那是因為**父母有一個觀點，他們認為，長大的孩子「應該」學會規矩，不能任意哭鬧，更不能為了玩具不擇手段的哭泣。**

這個觀點一旦出現，就會演變成對孩子的期待，但是當大孩子無法停止吵鬧，大人期待落空時，父母自然就會憤怒，會感覺這孩子為什麼講不聽，怎麼這麼不受管教，於是對立和爭執的情況就會出現了。

回顧我自己的原生家庭，可能自己是家中老么，父親在教養上，自然不曾要我禮讓弟妹，但成長過程，我總是對父親的愛感到忿忿不平。因為我總覺得父親獨愛三哥，把家中最好的資源都給了三哥，第一台冷氣、第一台收音機、第一台機車、第一台汽車、第一個暑期出國遊學……全都給了三哥，當時我的認知是，哥哥的成績好，所以父親疼愛成績好的孩子，自然給他更多資源。再者，父親少小離家時，背負著爺爺的期待，爺爺希望父親能好好讀書。父親來臺後，自然把這期待寄交到孩子身上，所以見到四個孩子中有一個成績好的，傾全力把能給的都給了他，只願孩子能好好讀書。

因此在我成長過程中，我最常對父親說的一句話是：「爸爸偏心，只愛老三。」父親聽了我的話，也總是跟我辯解，每一個孩子都是他的心頭肉，每個孩子他都愛。當時的我聽著父親的愛，是感受不到的，因為我總覺得那只是父親的表面說詞罷了。

等我長大，父親愛的方式有了轉變。他用畢生的積蓄買了房，然後分別給了前兩個哥哥一個舊房，一個新房，三哥則是一筆小額的資金贊助；輪到我時，雖然得到一筆嫁妝，但只有三哥小額資金的一半。

雖然當時我也諸多疑問，為何父親如此不公平？但我畢竟長大了，對自己有信心了，開始擔起自己生命的擔子，自己為自己負責了，也更有能力去獲得我想要的東西。對於父親給予的物資，雖然覺得和哥哥相比，差了許多，但我都能理解那是父親的愛幻化成物質能給予的最大量了，也甚少去提起。

其實不去提起還有一個更重要的原因，那是因為我有自信，能欣賞自己，給自己肯定，自然我的自我價值就提升很多。自我價值一提升，對很多事物就不會再計較斤兩，因為我想要的都可以靠自己去獲得，也不會用父親給多給少來衡量他對我的愛。

直到後來我才明白，以前會如此計較父親物質的愛，都來自於自己缺乏自信，不懂得欣賞自己，因此需要以父親給予的物質來證明父親愛我，藉此提升自信。

等到自己有了孩子之後，我終於能理解，關於父親不公平的愛，是怎麼回事了。父親其實不是不公平，相反的，他確實是愛四個孩子的，但他的愛，在孩子還在成長時，是孤注一擲的，畢竟他的資源只有一點點，分給四個孩子確實不夠，於是在權衡之下，他只能把資源都給了會讀書的孩子。在他的想法裡，只要四個孩子有一個孩子有了成就，就能拉拔其他孩子學習。

等到孩子長大成人，有了自己的成就與事業，父親的愛變成齊頭式的愛。他把身邊的資源給了他覺得看起來需要幫助的孩子，希望四個孩子的成就都能拉到一個水平。於是給了當時較沒能力買房的哥哥置產，至於我，則是屬於有能力的孩子，因此他相信我能追尋到我想要的東西。

多虧父親信任，也多虧父親在我成長過程不停告訴我，他是愛我的，那給了我成長的力量。

雖然父親資助我的物質，在我的內心感受上不比兄長多，但是父親的愛展現在許多生活細節裡。比如婚後每一次回家，父親知道我愛吃梨，總是為我準備昂貴又大顆的梨子讓我帶回去；每次聚餐吃飯我想幫忙買單，父親總是一把把帳單搶去，要我這個做女兒的只要安心回家，其他都別管；幾次在家住宿過夜，次日清晨父親便會佝僂著八十多歲的身子，執意騎車去買我愛吃的肉包給我當早餐。這些日常生活點滴，在在都是父親對我的愛。

面對這樣一則哥哥殺害妹妹的新聞，我有著兩面的感受。

身為孩子，我們能不能從父母的語言背後，找到愛的蛛絲馬跡，而不是埋首於憤怒與不公平的情緒裡。

身為父母，真正的愛，是沒有交換與脅迫的，因此無論面對的是有手足還是沒有手足的孩子們，我們應該把愛表達出來，時時刻刻都讓孩子感受到我們的愛！

在孩子手足關係的學分尚未修業完成前，父母們還有一項更重要的課題必須先努力去學習，那就是提升孩子的自信，應該從親子欣賞開始做起。當一個孩子經常受到父母欣賞，愛便會藉著欣賞，傳遞給孩子；而有了愛的孩子，自信更會源源不絕的產生。

體驗角色互換

入睡前，盥洗室傳來二女兒的崩潰哭聲，爸爸前去察看，回來跟我說，大女兒幫二女兒擠的牙膏整坨掉到地上，二女兒想跟大女兒再要一次，大女兒堅持不肯，因為二女兒已經用完了今天的量，是她自己不小心掉的，所以沒有了。

爸爸請三三別這麼嚴苛，希望她再給川川一次牙膏。

三三說：「為什麼，沒有牙膏也能刷牙呀！為什麼一定得給新的牙膏？」

爸爸回來跟我說，大女兒太嚴苛了，嚴苛到令人受不了。

後來三三也來到我身邊，指責爸爸對她太兇，讓她不開心。

其實我知道，這是三三的資源，她珍惜事物，嚴守自己的紀律。

而川川對資源的態度是狂野不羈，對朋友豪氣，對姊姊豪邁，凡事不計較，當然也就對任何事都漫不經心，經常弄壞東西或把東西打翻，和她相處的姊姊三三自然會神經緊繃些。

不過，三三用自己的紀律來要求妹妹，讓妹妹崩潰大哭，確實也不是良善的互動經驗，於是我決定帶著三三到房裡單獨對話。

到了房裡，三三還在細說爸爸的脾氣很壞。

我說：「讓我們先把爸爸的事情放一邊，讓我們來看看你用的方法。」

三三說：「我的方法很溫柔，我覺得很好！」

我點頭，肯定三三的方法，但我說，既然方法這麼棒，讓我們來演一下剛剛發生的事，感受一下這個方法給人的感覺是什麼吧！

我說：「你演不小心弄掉牙膏的女孩，我當給牙膏的人，你來跟我要牙膏吧！」

三三說：「我牙膏掉了，給我牙膏！」

我扮演嚴格的人，所以我說：「不行，剛剛已經給過你了。」

「但是已經掉了，不能用了，所以我要新牙膏！」

「沒有新的了，一天只能給一次，你的已經掉了就沒有了。」

「可是我沒有牙膏不能刷牙！我要牙膏！給我牙膏！」三三有些激動。

我搖頭說：「沒有牙膏也能刷牙！你就這樣刷吧！想要牙膏的話，要等到明天！明天才會再給你一次，但如果再不小心掉，還是一樣不會再給你新的牙膏，所以你自己要小心。」

演戲終止。

我問三三：「剛剛你跟我要牙膏沒要到，你心情如何？」

三三悶悶的說：「不舒服！很不舒服！而且我不想等到明天啊！」

我點點頭，我說：「我有更好的方法，你要試試看嗎？」

於是，我們重新又演了一次另一種的說話方式。

三三說：「我的牙膏不小心掉地上了，給我牙膏！」

我說：「我有看到你的牙膏掉了，沒關係，我再給你一次，這次你要小心拿哦，別再弄掉了。」

「好，這次我會特別小心，謝謝媽媽。」

「我想你剛剛只是沒拿好，才會不小心把牙膏弄掉，所以只要小心拿，我相信你一定不會再弄掉的。」

演戲終止。

我問三三，這次感覺心情怎麼樣？

三三說：「我的心情很好，覺得有人愛我。」

我說：「那以後發生事情，你覺得用你的方法好，還是用我的方法比較好？」

三三說：「我會用媽媽的方法，媽媽的比較溫柔。」

角色扮演的體驗，過程沒有說教，沒有指責，在情境的遊戲中自自然然的讓孩子從自己的觀點抽離，然後進入別人的觀點，去體驗他人被這樣對待時的感受和情境。這比用頭腦式的說教更容易讓孩子理解和覺察問題，也更能貼近孩子。

當孩子在愛的包圍下體驗差異，不僅內在強壯了，也更容易覺察到問題，一旦孩子覺察啟動了，改變也會跟著啟動。

教養孩子也許就是這麼一回事。

當三三對川川嚴苛時，我們若使用責罵的方式來教導，三三也只會在嚴苛裡鑽牛角尖，那麼我們和堅持不重新給牙膏的大女兒有何不同呢？

就如同學騎腳踏車，用眼睛看，用嘴巴說，頭腦先我們一步學會了，但身體和內在感受卻始終學不會怎麼騎車才不會跌倒，這就是學習最大的困境。**捨棄靠頭腦式的說教，改以進入身體式的感受為主，讓孩子藉戲劇模擬的方式用身體自己去感受。孩子少了壓力，多了實地經驗，也能得到更高的覺察，何樂而不為呢？**

練習6

回到親子溝通無礙的路上

親子溝通最終的目標，不是要孩子聽話，而是要讓雙方相互理解彼此的想法，在問題來臨時，和對方站在同一位置上；陪著對方面對問題，一起度過問題之河。

只要三個步驟：放下對立、陪伴孩子、一起面對問題。親子溝通其實可以更簡單。

用愛滋養孩子的分離焦慮

我其實是個不太敢表達愛的母親。

在三三還未滿四歲時，雖然我經常透過故事向三三表達我對她的愛，但因為長久以來的生活樣態、習慣嚴肅與壓抑，所以在「表達愛」這條路上，我還是非常窘迫，只能透過強迫的方式，逼自己勇敢開口，向三三說：「我愛你。」

當時育嬰假結束後沒多久我就離職了，賦閒在家的我，增加了更多與三三一起玩耍的課程。只是上完課，我還是會讓三三回祩母家，讓自己保有一點創作時間。

然而不知道從什麼時候開始，每天早上我總會聽到三三這樣說：「媽媽，吃完早餐以後我們要去哪裡？」

我說：「去婆婆家呀！」

三三說：「可是我不想去婆婆家，我想跟媽媽在一起！」

隨著幫三三安排活動的增加，母女倆相處的時間越來越多，三三的分離焦慮竟不減反增，越來越滿溢，越來越不想離開媽媽獨自去褓母家。

一天，送三三回婆婆家的路上，我聽見她不停的叮嚀：「媽媽，等一下到婆婆家以後，你要記得跟我抱抱再走哦。」

「好，但是媽媽沒辦法抱太久哦！」

（有一次一抱就是十分鐘，這時間長得有點讓我難以消化。）

「不行啦，一定要我說可以了，才可以放我下來。」

「可是媽媽還有工作得回去處理，抱太久媽媽會來不及。」

擁抱是愛的一種表現，也是讓孩子能直接感受愛的能量，但「愛」需要專注，再加上當時我對於表現「愛」還太生澀，以致於我的回答經常變成一種敷衍。然而**孩子有強大的感知能力**，**總能察覺父母的敷衍**，當我好不容易把三三送到婆婆家，也好不容易完成擁抱的儀式，正想鬆口氣跟三三揮手道再見時，她又開口了。

「媽媽，你晚上九點會來接我嗎？」

我回說：「會呀，媽媽會來接你。」

「一定哦，媽媽一定要來接我哦。」

「當然，我一定來接你。」

其實這一天因為工作需要，我沒辦法去接三三，她必須在褓母家過夜。但如果讓三三事先知道，她會一直哭鬧，褓母會不好帶她，所以和褓母討論的結果是先不跟三三說。

我揮揮手向三三說再見，才轉過身，又聽見三三說：「媽媽，我愛你哦。」

「好、好，快進去吧。」

因為無法回應三三的愛，我只好一直催促她快進屋。

「媽媽，我最愛你了，我真的超愛你的。」

「是哦，我也愛你哦！」

說完話，我立刻察覺我竟然沒辦法坦然面對三三的愛，好不容易擠出的「我也愛你哦！」語氣裡也充滿不確定感，而且邊說還邊怕一旁的婆婆會覺得噁心。

我急著想離開，三三越顯得難過，她紅著眼眶，小小的身子倚著玻璃門，不捨的看著我離去。

我的心裡震了一下。其實，我是喜歡這樣有愛就說出口的三三。

不到四歲的三三能這樣率真不顧旁人眼光說出「愛你」，這時光是多麼珍貴。因為勇於表達「愛」的能力，將會隨著時間或被人嘲笑的次數增多，慢慢躲進內心深處被幽禁起來，一如我自己。

三三分離焦慮的程度越來越大，我知道，愛被我卡住了，沒能準確的傳達給孩子。再這樣下去，三三的分離焦慮可能會日益嚴重。看著能暢然說愛的三三，我得好好珍惜這樣的時光，要更坦率的回應三三的愛才行。

我決定好好的聚焦「愛」，勇敢的在褓母家人面前回應她。

三三說：「媽媽，我好愛你，你真的九點會來接我嗎？」

「三三，我也好愛你。」我一邊目光篤定的看著三三，一邊緩慢的說著，並且用手摸著三三的腦袋：「只是今天九點能不能來接你，要看媽媽工作的狀況。如果做完了，九點就會來接你；如果沒做完，就沒辦法來接你。」

三三說：「媽媽，那你要快點把工作做完哦。」

「好的，我會努力工作，希望能把工作做完哦。」

「媽媽我真的好愛你。」

「三三，我也非常非常愛你，媽媽要告訴你，不管媽媽在哪裡，即便是在工作，媽媽都把三三放在心上，而且媽媽一直都是一邊努力工作，一邊想著三三哦！」

「真的嗎？」她臉上露出好高興的神情。

「真的啊，媽媽一直把三三放心上。」

「媽媽有把我放心上耶，我好高興。媽媽再見，你快去工作哦。」

三三頭也不回的進了褓母家，不再留戀且開心的將玻璃門關上。

三三內在某一塊愛的空缺與不安全感，似乎在這句「媽媽把三三放心上，一邊努力工作，一邊想著三三哦！」得到填補。有了愛的支持，三三嶄露了另一種姿態。

於是我終於知道，把愛說出口，連結孩子心底對「愛」的渴望，不僅對我，更對孩子來說，是多麼重要的一件事。此後的每一天，我更放開界線，勇敢對孩子說「愛」。

透過對話，讓孩子啟動覺察

家裡附近的二輪戲院剛好在上映《海底總動員2》，於是一家五口浩浩蕩蕩進電影院看電影，扎扎實實看了兩小時，連一歲四個月的一一都看得非常入迷。

晚上睡覺時，三三最近愛的能量大爆炸，因為特愛爸爸，所以換房去和爸爸睡覺，留我和川川兩個人獨處。

按往日的習慣，我總是催促孩子快點入睡，但那日川川因為看完電影，彷彿有許多話要說，而身邊因為沒了姊姊的顧慮，我便私心的放任她說話。

一整個對話，川川都圍繞在《海底總動員2》裡頭的多莉為什麼要不停的去叫尼莫起床？為什麼尼莫的爸爸老是說時間還沒到、時間還沒到？為什麼多莉才剛問完，就又忘記時間還沒到又跑去叫尼莫？然後多莉為什麼這麼可憐，都找不到她的爸爸媽媽？然後找的過程為什麼都沒有人要理多莉？他們好壞哦！

在川川興奮的鬼打牆的問話裡，我驚覺一件事，我似乎從來沒有深刻的、好好的、單獨的、專注的跟川川對話過。

於是，在這個夜晚，在每一次川川的問句後面，我一次又一次的專注回答她的疑問，雖然她得到答案後仍舊不停的反覆繼續問，但我放下對時間的焦慮，一次次的回應著她。

在對話的過程，我感覺到川川得到了與母親專注對話的好心情，這大概是她難得獨占母親的時光吧！

我們一路從晚上十一點，聊到一點。其實說聊，也只是川川不斷的發問問題，而我不厭其煩的回答。直到我突然想起川川的游泳課。

每週五游泳課，川川總是在恐懼尖叫哭泣中完成課程。我動了念頭，想與她在這個課題上對話，於是利用她下一句的問話，開始做了不一樣的回應引導。

川川說：「媽媽，多莉好可憐哦，她問大家，但是她說話太慢，所以大家都不理她，她好可憐哦，都找不到她的爸爸媽媽。」

我說：「其實多莉不可憐，其實多莉好勇敢！」

「為什麼？」

「你知道嗎？每個人的心裡都住著兩個精靈，一個是勇敢精靈，一個是害怕精靈。當我們不停告訴自己，我可以、我不怕、我要試試看，那麼原本小小的勇敢精靈就會變得很大很大，因為你餵它吃了很營養的勇氣，它就長大了，然後就會讓我們很勇敢。相反的，如果遇到事情你總是不停的說，我好怕，我不行，就像你在上游泳課的時候一直哭著說好怕，那麼害怕精靈就會長大，變得好大，你就會越來越害怕。所以多莉其實很厲害，就算全世界的魚都不理她，她還是沒有放棄希望，不停的告訴自己，我可以，於是勇敢精靈就會長大，帶著她去找她的爸爸媽媽。」

接下來的五分鐘裡，川川都在跑野馬，問關於多莉的問題，因為她不想聊到游泳池裡的記憶。過程中我試過一兩次把焦點拉回來，但是我感覺到她很害怕，於是放棄深聊這個話題。沒想到五分鐘後，川川自己繞回來了。

「媽媽，多莉好勇敢，她讓勇敢精靈變強壯了，下一次游泳的時候，我不要再說我害怕了，因為害怕精靈會長大。我要跟多莉一樣，告訴自己，我可以的。我要試試看，這樣我的勇敢精靈就會長大了，對不對？」

我點點頭，稱讚她的勇敢。

之後，川川又沉浸在多莉的問題和勇敢和害怕的話題裡好久，直到凌晨一點四十分，媽媽的睡意襲來，我同川川說：「媽媽知道你還有很多話要聊，但是媽媽累了，如果媽媽沒有回應，就是媽媽不小心睡著了，但是在媽媽睡著之前，你還是可以繼續說話，媽媽努力聽。」

我原本以為川川會繼續撐著精神跟我閒話家常，沒想到川川聽見我疲累的訊息，自己也揉揉眼睛說：「媽媽，其實我也想睡了，我們一起睡，然後我去夢裡再跟你聊天吧！」

她的回應讓我知道，她從這次的對話裡得到巨大的滿足，因為唯有得到滿足，才能如此不帶眷戀的睡去。

於是，我們母女倆帶著愉悅的心情，帶著滿滿的愛，各自道了晚安，進入夢鄉。

對話後的幾日就是游泳課，川川面對最害怕的課程，一改過去遇到水就害怕放聲大哭的習慣，努力讓自己變勇敢。川川原本不敢把頭沒入水中，居然在那次課堂上克服了心理障礙，整個頭沉入水底好久好久。雖然只是學會了把頭埋進水裡，距離學會游泳還有好長的距離，但至少她終於不再用「哭」這個慣性來面對害怕的事物，這是好的「對話」帶給她改變的力量。

對話，不是以教訓（說教）孩子為前提，而是以支持的角度去給予孩子支援，並且從支持中，讓孩子透過對話來省思自己面對問題時的方法和態度，最後協助孩子啟動覺察。

在對話時，因為清楚知道川川屬於跑野馬個性（打岔性格）較強烈的孩子，比較不容易在焦點上工作，所以對話過程，我不強迫她回到焦點，畢竟孩子才四歲，專注力的時間很短暫，因此我只是適時的提點一下。但她後續的回應以及行為改變，讓我知道她已經啟動覺察，並且很努力的想要克服恐懼，迎向改變。這是「對話」啟動孩子的資源。**孩子的資源一直都在，只要大人們去磨亮它**。

謝謝三三臨時換房，給了川川單獨擁有媽媽的時光，給了我能讓川川恣意說話的時光，那是專注而美好的小小幸福。

每一次溝通都是新的開始，舊事不重提

有天晚上，姊妹倆在客廳裡起了小爭執。起因是妹妹坐了姊姊的椅子，姊姊好言好語請妹妹起來，但賴皮的妹妹絲毫沒有動靜。姊姊下了最後通牒，再不起來，她就要去坐妹妹的椅子了，偏偏妹妹的性格不怕威脅，仍然屹立不搖的坐在姊姊的椅子上，最後姊姊當然一個箭步去坐了妹妹椅子示威。妹妹說時遲那時快，立馬伸出手想擋住姊姊，想當然爾，姊姊想也不想連同妹妹的手臂一起坐壓下去，當場令妹妹嚎啕尖叫。

這是現場屬於媽媽看到的實況，但爸爸在一旁只看到姊姊坐妹妹的手，而且妹妹尖叫哀嚎，所以爸爸立刻出聲罵了姊姊：「三三，你怎麼老是欺負妹妹？」這麼一句話，立刻重傷了一直講求公平與正義的姊姊，為了這麼一句話，三三崩潰了。

原本是姊妹爭執的問題，再度演變成父女的問題，過程當然少不了三三的哭

泣、尖叫、嚎啕、委屈和指責，而且三三哭泣時習慣用盡全身力氣，藉此表達自己的憤怒與不滿，很容易因此反胃嘔吐。果不其然，不消幾分鐘，三三哭到吐了，我立刻拿來一包衛生紙請她自己處理好自己的穢物，並告訴她好好照顧自己，很擔心她踩到自己的穢物滑倒。三三一面擦地板，一面繼續哭。

擦完地板，三三依舊跟在爸爸屁股後頭哭，藉此表達自己的情緒。我聽見爸爸不停向三三道歉，表明自己誤會了，但是三三的情緒依舊沒有下來，一直要求爸爸好好跟她聊聊，她覺得事情還沒聊完。

就這樣，父女倆一路從客廳講到盥洗室，再從盥洗室聊到寢室。約莫半個多小時之後，三三回來房間，雖然沒有再哭了，臉上的表情仍舊不滿。

我問三三：「怎麼了？」

三三回我：「爸爸都沒有好好跟我說話，我不要跟爸爸說晚安了。」

「剛剛在房間裡，你和爸爸沒談完嗎？沒談完怎麼就回來了呢？」

「因為爸爸說要睡覺了，就叫我回來。」

我又問：「那你們談什麼？為什麼你看起來好像還是很生氣。」

「對，我還是很生氣。」

「氣什麼呢？」

「因為我覺得爸爸沒有把事情看清楚就亂罵我，我很生氣。然後爸爸說，他以後會努力把事情看清楚再說話，可是我覺得爸爸不可能記住，他總是這樣說過就忘記，然後下一次又會發生。所以我跟爸爸說，他不可能會記得。爸爸就說，那他把要記得的事寫在牆上，可是我還是覺得就算寫在牆上，爸爸也不會記得，後來爸爸說那就把字寫在我臉上……」

三三說到委屈處，不停的流著淚：「爸爸壞壞，臭爸爸，我不喜歡爸爸了，我不要爸爸把字寫在我臉上。」

我在心裡小小的嘆了一口氣。爸爸的個性本來就喜歡在面對問題時不停搞笑或轉移焦點，好讓問題不那麼嚴肅，但三三是屬於個性嚴肅的孩子，完全無法感覺好笑，甚至覺得被嘲笑了。

我把三三的身體拉近，靠在我的肚窩上，拍拍她，跟她說我知道她生氣難過的原因了。

席間，三三仍舊不停情緒化的罵著爸爸，我則盡量傾聽。直到三三的情緒稍微緩和了，我問她：「我知道你還是很憤怒，很生氣，但是我剛剛也聽到爸爸一直跟你道歉，你不能原諒爸爸的原因是什麼呢？是發生什麼事情了嗎？」

三三憤怒的說：「雖然爸爸說下一次會記得把事情看清楚，然後用好的方式跟我說，可是其實上一次我就跟爸爸說過這些事了，爸爸今天還是亂說話！所以就算爸爸說下一次會改進，我還是覺得他一定不會改，所以我很生氣。」

我看著三三，摸摸她的頭，心裡想著：原來三三是這個地方卡住了呀！因為她把過去已經發生且無法再改變的事，拿到今天的事件上處理，但過去已經過去，再也無法回到當下處理，所以三三的情緒就被卡住了。

我蹲下身，問三三：「三三，你有沒有一件事老是做不好，媽媽不管怎麼跟你約定，你雖然答應了，但是下一次又會不小心做一樣的事情？有嗎？」

三三想了想，點頭說：「有，打妹妹，我改不掉，我常常欺負妹妹。」

我又問三三：「那麼，每一次媽媽跟你約定下一次不能再動手打人的時候，你覺得媽媽是相信你的，還是不相信你的？」

「我覺得媽媽是相信我的。」

「是呀！三三其實很努力的想遵守約定，媽媽看得出來，所以每一次的約定都是新的，媽媽肯定相信你下一次絕對是會努力做到我們的約定。」

「嗯，就像我應該相信爸爸這次說的是真的，而不是拿以前的事去生氣……」

「是啊，三三好聰明。每一次的約定都是新的開始，我們每一次都要相信對方是真心誠意，以及很努力的想要和我們約定，要不然你和爸爸就沒辦法溝通，沒辦法對話了。你相信爸爸是真的想努力做到和你的約定嗎？」

三三點頭說：「我相信爸爸。」

我笑著說：「那你現在已經做好準備，可以去跟爸爸再好好聊聊了。而且我相信這一次你會很快的跟爸爸達成約定。去吧。」

三三像是解開心鎖那樣開心的跳著去找爸爸。

面對舊有的問題不停反覆出現時，在行溝通之前，別說孩子，就連我們成熟的大人都會下意識的慣性翻舊帳。但我們忽略了一件重要的事，那就是過去的事拿出來說嘴，只會是老調，也只能重彈，問題永遠無法解決，也永遠無法改變。但，**如果我們能明白在溝通現場，我們擁有的最大資源，其實就是此時此刻的決心與努力，只要相信每一次的溝通，都是新的開始，遺忘過去的舊帳，那麼再艱澀的問題，都能因為努力與決心與行動，往開闊的坦途奔馳而去。**

每一次溝通，都是新的開始，相信對方在下一次會更努力做到約定，對親子的溝通如此，對伴侶的溝通更是如此。

溝通三步驟

和朋友聚會時，有一位朋友向我感謝半年前改變了她對孩子睿睿的溝通方式，讓她和孩子說話時，不再只是命令他去做那個、做這個，因為孩子不該只是接收指令的機器。

我疑惑的看著她。

朋友說：「就是那個『你給我撿起來』類似這樣的話啊！」

我恍然大悟。

朋友是個疼愛孩子的媽媽，但是在好幾次相聚的時光裡，只要朋友要求孩子去做她希望的事時，我總會聽見讓我耿耿於懷的字眼「你給我……」。比如孩子要丟垃圾，卻不小心丟在地上，朋友會說：「你給我把東西撿起來，丟去垃圾桶。」又或者在朋友家聚會，散會時，我們都會要求孩子們一起把剛剛玩過的玩具合力收整好，這個朋友又會說：「去，你去給我收玩具。」

因為是相處很久的好朋友了，在幾次觀察後，我終於忍不住問她，為什麼要說「你給我撿起來」這種話？難道不覺得「給」這個字詞給人強迫且命令的口吻，會容易讓人不舒服嗎？孩子聽了感受不好，很容易產生反彈的情緒，隨著孩子越來越大，可能以後在聽大人說話的時候，會表現出更不耐的情緒和表情。

朋友回應：「我沒想到耶！在家裡我和孩子的爸爸都是這樣講話，難怪我兒子已經像你說的，每次我講什麼都表現非常不耐煩的樣子。原來是我講話的方式不好！那這句話我應該怎麼說？」

我說：「**和你的孩子站在一起，用他的目光看世界，你就能明白該怎麼說話了。**」

這件事就這樣過去了，因為之後也鮮少聽朋友再用類似刺耳的言語，我也就慢慢淡忘。現在看來，朋友和兒子的應對改善了許多，也不再顯得不耐煩，可見朋友在應對的話語裡下足了功夫，才能改善孩子面對她的態度。

每一次的溝通，就像站在對岸的AB兩個人，A要求B過河，但A的口吻、態度或說話的方式，都在在影響著B過河去的意願。

要怎麼做，B才能放下擔憂，鼓起勇氣過河？這便是親子溝通的關鍵。

其實親子溝通一如人際溝通，**溝通最終的目標，不是要對方聽自己的話做事，而**

是要彼此理解對方的想法，在面對問題時，才能和對方站在同一位置，陪著對方一起度過問題之河。

若將溝通過程劃分為三個步驟的話，依序就會是：一、放下對立（姿態vs.語言）；二、陪伴孩子（同理）；三、面對問題，一起想辦法越過問題之河。

因此，從上述朋友對孩子說話的方式，我們可以知道，不同的表達方式會讓孩子產生不同的感受。**若表達的方式是正向的，孩子接受到的感受也就會是正向，內在的情緒就會相對穩定溫和，也大大提升孩子願意聽取父母親說話的意願。**

聚會結束前，睿睿和另一個孩子恰巧發生情緒上的衝突。睿睿擅自拿了別的孩子心愛的貼紙，而且未經那個孩子同意。詢問睿睿為什麼擅自拿別人的貼紙？睿睿表示，因為他聽到川川想要，而他想照顧川川，所以才擅自拿了貼紙送川川。

朋友把睿睿喚回到她身邊，告誡孩子，沒經過主人同意，怎麼可以亂拿別人的東西，這樣做是非常不禮貌的，快去跟別人道歉。

我發現朋友在訓斥孩子時，孩子呈現非常不耐煩的表情，似乎覺得自己又沒做錯什麼。

其實朋友說的沒有錯，不是自己的東西怎麼能亂拿呢？但站在孩子的觀點，其實孩子也沒做錯什麼，因為他眼裡只想著要照顧川川的需求，所以從他的認知看出去，他一定無法覺察錯誤在哪裡。

朋友和孩子，各自站在河的對立面，要怎麼解決？

我當時就在旁邊，所以我對著那孩子說：「睿睿，我發現你是個非常愛朋友的孩子，你應該是聽到川川想要貼紙，所以才特地把貼紙撕下來給川川的吧？我看見你對川川這麼好，知道你是個重朋友的人，川川真幸福，做你的朋友也好幸福。只是呀，貼紙的主人也是你的朋友，那貼紙是他的，現在貼紙的主人生氣了，我比較好奇你會怎麼處理貼紙主人的情緒？因為你是那樣愛朋友的人，應該要怎麼處理比較好呢？」

孩子聽了我的話，知道我是正向看待他的價值，臉上的表情有自信許多，接著就立刻轉身進入房間去找貼紙主人去了。雖然我不知道他最後有沒有道歉，但我知道，我讓他有個覺察，川川和貼紙主人兩個都是他的朋友，他想對川川好，不代表就能理直氣壯的去傷害另一個好朋友，有了這次經驗，他往後對這類的問題，應該能特別謹慎。

我對這孩子說話的方式，就是標準的溝通三步驟：

一、放下對立：我沒有指責孩子搶別人東西的行為，所以我和這孩子沒有站在對立狀態的機會。

二、陪伴孩子：我正向欣賞孩子的資源，搶貼紙其實是為了照顧另一個朋友，我選擇與他站在一起。

三、一起面對問題：被搶走貼紙的孩子，也是他的朋友，現在心情不好我們該如何處理？

就這樣三個步驟，讓溝通更簡單。

相信孩子都有存在的價值

無論什麼樣的孩子都會有正向價值的部分，即使全身背負著負向行為的他們，都勢必存在著一些正向價值。該如何從負向的行為裡看見正向，這是大人們必須努力的功課。

日前，我和先生到花蓮慈濟中學辦了一場電影營，時間只有一天半，對象是國中的孩子。按營隊課程的規劃，在有限的授課時光裡要傳遞微電影的知識、概念、影像藝術，以及最困難的，完成一支自己的微電影。

拍攝期間，我特別注意到一個國一的男孩，身材微胖，背脊不怎麼直挺，眼睛有些閃躲，說話有時候有些衝撞，上課時又縮瑟於自己的世界，彷彿不想與人接近。

這個男孩在拍攝的組別裡，分配到飾演被同學霸凌的學生。我見他很認真的聽著同組的指揮，認真的躺在圖書館的地上，或者坐在黑暗的角落，詮釋恐懼、寒冷、膽小、害怕的樣子，身體不自覺的抖動著。

他演得很認真，而且演得真的是好極了。他是那樣的配合，又那樣的加入了自己的想法。

下課後，我和這個男孩在走廊遇到，我細緻的描述先前看見他認真的細節，並針對這些細節以真誠的欣賞回饋給他。我看見男孩在我說完話的同時，背脊瞬間挺直，回給我開心的笑容。

接下來在剪接課裡，這名男孩自願擔任該組的剪接師，負責完成這支片子的後製工作。我在遠處看見他認真投入的樣子，內心實在很感動。

後來我才聽學校老師談起這孩子是中途轉學來的。剛來學校時，開口閉口都是粗話，讓學校老師好頭疼，現在雖然不開口罵髒話了，但是學習的信心還需要加強。

這樣一個孩子，在我們授課的過程中卻無比認真，比誰都投入，這就是「欣賞」所帶來的影響力。**真誠的欣賞，會讓孩子知道自己的存在是有價值的，一旦內在感覺有價值，無論是誰都會想要站起來，迎向世界的每一刻，即使是挑戰也一樣。**

這孩子最後經過評審一致投票，得到最佳男主角的殊榮。他既訝異又開心的上台接受領獎。走上台之前，他詢問老師，能不能讓全組同學都上台，因為他覺得沒有全組同學的幫忙，他沒辦法得到這個獎。

這是一個孩子得到肯定後，想要感謝所有幫助過他的人的回饋。

因此，無論什麼樣的孩子，都會有自己正向的價值，即使是全身帶著負向的他們，都必定存在著正向。

欣賞不難，只要我們勤加練習。

練習從負向中看見正向的「欣賞」

延續上一篇談到的「欣賞」。

很多朋友面臨到的問題是，有些已經說欣賞了，但孩子不相信就是不相信，有些則表示無法從負向行為找到正向的欣賞。

現在，讓我們聚焦在「如何從負向行為找到正向欣賞」。

一開始要執行這個意念，確實有些難，因為長久以來，我們都有固定的思考模式，這些思考模式很容易帶領我們的觀點進入一種慣性，也就是不管孩子做什麼，我們總是先看到孩子行為裡的缺點（負向行為）。

想要掙脫這樣的慣性模式，需要一點練習。

我在我的家庭中，每天都會邀請成員們為彼此說出一個「欣賞」。

剛開始的時候，孩子們想不出應該如何欣賞，我會提供一些事件讓孩子能直接說出來。慢慢的，時間久了，練習也更長了，現在三三和川川都能夠準確的說出「欣賞」給對方。

簡單的一句「欣賞」，能夠給彼此力量，甚至感覺被家人關愛了。一句欣賞，其實內含了非常多的意義。欣賞是能創造家庭緊密連結的秘密武器，因此每天一句欣賞給親愛的家人，是個很值得培養的家庭文化。

當然，有時候要發出欣賞並不容易。

有一次在我進廁所刷牙時，發現牙刷和一坨牙膏正躺在地上，現場看起來一團糟，這一切都是三三的傑作。原來她沒經我同意把我的牙刷從架子上取下來，並且擅自擠上牙膏，最後卻在轉身時不小心把牙刷和牙膏都弄掉了。當時我好不容易從忙碌的事物抽身，才想在刷牙時喘口氣，沒想到走進廁所就看到地上糟糕透頂的爛攤子，我的心情怎麼可能美麗得起來？

這時候的我也許做不出欣賞，但是我停下來聽孩子說話。

我問三三：「怎麼回事呢？」

當時三三紅著眼眶，跟我說對不起。她說，她本來是希望我進來的時候，能讓我輕鬆點，所以幫我弄好牙膏牙刷，沒想到現在變成這樣。

我感受的到她體貼我的心意，可能我先前表現疲累，所以她想特別照顧我吧？

這麼一想之後，我的心情就好多了，立刻整理了我的欣賞回饋給她。

我說：「謝謝你幫我擠牙膏在牙刷上，你是想幫媽媽吧？我非常感動，雖然最後弄掉了，但你也不願意這樣吧？沒關係的，下次小心點就好了，媽媽很開心。」

從那次之後，三三每天都幫我擠牙膏在牙刷上，每一次我都會記得給她正向回饋，謝謝她的體貼。

直到現在，三三還是每天晚上幫我擠牙膏，這成了我們之間的親密連結。她擠得很開心，很有成就感，我則享受著來自六歲的她的體貼。

只要練習「欣賞」，就能抵達一個屬於家庭的美好境地，我們為什麼不去試試看呢？

現在，讓我們來做一個小小的練習吧。

底下我羅列一些孩子經常出現的行為與事件，字裡字外看起來都是負向行為，但我們能不能練習著從這些負向行為中，找到孩子的資源（優勢）？如果你能從你的觀點看見了正向的蛛絲馬跡，記得寫下來，和朋友交流，然後再來審視各自的觀點差異。

一、孩子倔強，從不和群體妥協，尤其玩遊戲遇到輸就崩潰大哭，旁人怎麼勸說都無用，大人們怎麼安慰都無效。最後連大人都生氣，怒斥孩子沒運動家精神，並且下了一道通牒，告誡孩子若再這樣，以後就不要再跟旁人玩遊戲了，因為以後沒人敢跟她玩。

二、兄妹倆相處，妹妹想拿哥哥的玩具車，卻被哥哥憤怒推倒，妹妹的頭因此撞到地板，痛哭流涕。哥哥被大人們責罵，大人們說，她是你的親妹妹，是肉做的，而那個玩具不過就是個塑膠做的車子，妹妹拿一下會怎樣？大人們甚至指責哥哥太小氣了，是小氣鬼，哥哥於是更憤怒了。

三、男孩恐懼畫畫，因為覺得自己畫得好醜，每次遇到畫畫課，他就異常痛苦，回家作業若有畫畫，則搞得全家人仰馬翻，非要折騰到半夜。無論父母怎麼告訴男孩他的畫不醜，只要繼續勤加練習會越來越好看，但男孩最終還是憤怒哭泣，他無論如何就是不想看到自己畫出這麼醜的圖。父母氣到不想理男孩，而男孩繼續在自己生氣的情緒裡掙扎、困惑。

四、男孩跟同班同學和校外的學生打群架，而且是經常性的行為，屢屢被叫到訓導處處罰，但不管父母怎麼罵，老師怎麼管，都制止不了男孩去打群架。老師問男孩，到底是為了什麼要去打架？男孩說：「沒為什麼，純粹只是挺朋友。」老師說：「但是你的好朋友都說是你想打架，他們要你扛下所有的責任。你再這樣下去，不是被退學就是被抓去關！你是笨蛋還是傻瓜？自以為很受朋友歡迎！」男孩說：「笨蛋還是傻瓜都不用老師管，扛就扛，沒什麼大不了！」

五、一個女孩和旁邊同學很要好，在老師上課的過程中，女孩不停想跟同學聊天說話，老師制止多次都無效，最後同學也受不了，希望女孩不要再說話了。但這女孩生氣極了，決定與同學斷交，不再跟同學說話或來往。

把學習的責任還給孩子

最近三三上學開始遲到了。我給自己的新功課是，把學習的責任還給孩子。

有一陣子，三三上學從不遲到，而且天天急性子的催促我載她去上學，就怕遲到會得不到老師給的獎勵卡。老師說，只要一個月不遲到，就可以用獎勵卡換禮物。三三如此積極了三十天，她終於得到最終獎勵卡換來的禮物，但自從老師取消了禮物獎勵，沒了目標，三三上學不遲到的動力消失，從那天開始，三三就遲到了。

相信同為母親的朋友們都有類似的經驗：天天催促著孩子上學、吃早餐、盥洗、讀書、上床睡覺等等，媽媽這個角色，成了整天嘮叨催促孩子的工人，好像除了催促，再無其他事可做。但其實不是這樣，我自己也是個母親，所以我很明白，身為一個母親，我們心思是，孩子連最基本的事都做不好（學習的本分），做母親的還能怎麼奢望他們做其他事呢？

於是，我們為了要孩子做好他們的本分，開始天天叮嚀，好似學習的責任是屬於母親，而不是屬於孩子。

我想起前一陣子，一位學習機構的老師為了推銷她們的音樂課程給我，和我談論起三三的鋼琴課。老師表示，有太多媽媽也曾經讓孩子去上鋼琴課，上到最後都演變成家長和孩子的戰爭。因為孩子上課不專心，回家不練琴，而陪課的媽媽擔心孩子跟不上，所以媽媽自己上課勤抄筆記，回家勤逼孩子練琴。長時間下來，被逼著學習的孩子呈現煩躁、不願意學習的狀況，於是家庭戰爭開始上演。

機構老師問我，三三沒有這種情況嗎？

我搖搖頭，表示她挺適應的。

老師露出非常訝異的神情，然後像是要解釋給自己聽似的，她淡淡的說：「也許三三是屬於可以適應那種學習方式的孩子。」

其實，並不是三三適應那種學習方式，而是我把責任還給孩子了。

為了練琴爭執，我和三三也度過那時期，所以我很明白那滋味。當時在與三三核對過她對鋼琴學習的渴望之後，我就放手把學習的責任還給她。上課時，我從叮嚀的位置退下，成為一個陪伴者。三三得自己專注的聽課，遇到不理解的，就請她直接問老師，上課過程中我僅是微笑陪伴，一切請她自主。

回家後，三三很清楚練琴是必須的，因為每每有練琴，在課堂上的表現就會非常特出，她自己喜歡那種成就感，也因此建立了晨起練琴的習慣。

把學習的責任還給三三之後，她知道我已經不再是從前那個會叨唸的母親，所以很自然的把責任擔起來。從那之後，我們就不再為練琴爭執過。

因此，為了讓三三擔起上學的責任，我開始讓她學著自主起床，開始陪她遲到。

從開學至今，已經快要兩個月了，三三沒有一天準時到校。

遲到，在我的認知裡是非常不好的習慣。回想從前我自己在學習的日子裡，長達三年的國中生涯鮮少遲到，因為學校有晨考，錯過晨考是挺嚴重的行為，因此我每天六點起床盥洗吃飯，六點半準時騎腳踏車離開家門，在只有半個小時的準備時間裡，我學會了善用時間，節奏清楚分明。

因此我知道，唯有孩子自己覺察了準時的重要，她才能開始學會善用時間。

在三三學會時間管理之前，我允許她遲到。因為我知道這是必經的陣痛過程，她唯有在準時的路上嘗到讚賞，在遲到的路上嘗到失去，兩相比較之後，她才能深刻體悟準時是必須的，也才能真正成為掌握時間的旅者。

在此之前，我陪著三三過大量上學遲到的日子。直至今日，遲到仍在持續，但責任慢慢轉交的過程，我看見三三的覺察也慢慢在甦醒。

書寫此篇的這日，是三三校外教學的日子，學校規定八點半到校。前一晚三三焦慮的向我求救，她怕鬧鐘叫不醒她，要求我務必親自叫醒她，絕對不要讓她睡到自然醒，因為她想去校外教學，怕遲到就不能去了。

我答應她的要求，內心也很高興她主動尋求我的協助。知道她的焦慮來自於長時間的遲到，這是遲到帶給她的覺察力量。

果然，三三在這一天非常準時（甚至超前）的起床。因為在意校外教學，渴望跟上老師規定的時間，所以她一早練完鋼琴就不停催促我該綁頭髮、該吃早餐、該出發去學校。今天的她，比以往還要主動，這全是因為她在意這個日子，所以把準時的責任擔在自己身上了。

我思量著，**把學習的責任還給孩子的過程也許會很漫長，但我相信只要持續的陪伴孩子，在她需要的時候給予援助，她終究會把這個責任擔起來。**

用一輩子，練習愛

晚上入睡前，我習慣與孩子們聊聊天。我問孩子們，今天有什麼要跟媽媽分享的嗎？結果兩個孩子爭著要分享。

兩個孩子都想當第一個分享的人，但只有一個第一，結果川川爭到了。輪到三三分享時，三三抱怨著：「上一次妹妹在泳池弄我，我都沒有弄回去，為什麼妹妹可以第一，我就要第二。」

我回她說：「三三，你每一次溫柔的對待妹妹，我都有看見；每一次看見，我的內心都呈現橘色溫暖的光，讓我覺得好溫暖、好幸福。謝謝你每一次都讓我覺得好幸福。」

三三聽完，開心了，於是願意當第二個分享的人，說著她這一天的心情。

兩個孩子都說完後，川川想說故事，我開心的說：「太好了，我想聽故事。」

於是川川說了一則在草原上有蜜蜂在追小孩的故事……

在好大好大的草原上，有三隻蜜蜂，在追小朋友。小朋友很害怕，拚命的跑啊。跑著跑著，她遇到了一個老婆婆。老婆婆幫她指著方向，要她從這裡跑出去就不會被蜜蜂追了。小朋友點點頭說好，問：「那老婆婆你不跑嗎？」

老婆婆說：「我跑不動啦，沒關係，你們跑就好。」

小朋友說：「不行，我背著你一起跑就好啦！」

老婆婆說：「真的嗎？」

「當然是真的，上來吧。」於是小朋友背起老婆婆，往森林外頭跑去。好不容易跑出去森林之後，終於得救了，因為蜜蜂被森林困住，沒辦法飛出森林。

川川故事說完，我給了好棒好棒的擁抱。三三吵著也要說故事，我開心的說：「太好了，我想聽三三說故事。」可是三三的情緒又在某個地方卡住了，她說：「可是我想要第一，為什麼這次我又要當第二？」

知道她情緒一時之間不會平復，於是我說：「我來說一個故事給你聽吧！」

我說了一則關於「用一輩子，練習愛」的故事。

從前從前，有一個神射手，他每次出手都百發百中。每一次命中靶心，全場的人都拍手叫好。只有一個例外，原來是在場外賣油的老翁。

有人問老翁，你不覺得神射手很厲害嗎？老翁回答：「這沒什麼呀，只要練習就會了。」

神射手聽到之後感到很憤怒，走過去問：「練習就會了？那你會嗎？你來射給大家看看！」

老翁把弓箭推開，搖頭說：「我不會這個，但我會另一種技能。」

老翁把一個有著很細很細瓶口的玻璃瓶推到神射手的前方，然後抱起一桶油，爬上樹，從高高的樹上神準的把大桶油倒進細管的玻璃瓶裡，看到的人都目瞪口呆。

老翁說：「這沒什麼，只要多練習就會了。」

我同三三說，這一輩子，有很多事情，我們只要練習就會了，而且越練習，我們就越厲害。如果這一輩子我們都在練習抱怨，抱怨為什麼不是我第一，為什麼我要當第二，那麼我們這一輩子就會變成抱怨的人生，不停的抱怨下去，變成一個抱怨高手，然後就會一輩子都不快樂。

很多事情練習就會了，就像三三有時候會對川川很溫柔，對她很有愛，照這樣一直練習下去，三三就會變成一個非常溫柔、非常有愛的人，這一輩子都會在愛與幸福中度過。

我問三三：「你想要什麼樣的人生？」

三三回我：「我想變成一個有愛，有幸福的人。」

三三沒在這個話題繼續下去，只和我說：「媽媽我要說故事了。」

我溫柔的點頭看著她，讓她說著她編織的故事。

神射手和賣油郎，因為每天不斷的練習，促成了我們看起來很艱難的事，那麼我們呢？我們開始練習「愛」了嗎？愛會比這兩項技能還難嗎？

如果不想要擁有一個不停抱怨的人生，就停止抱怨吧。從這一刻開始，讓我們練習「愛」。

孩子永遠是對的
幫助父母掙脫贍帶勒索，找出孩子的正向價值

作者／李儀婷

主編／林孜懃
封面設計／ ZOZO DESIGN STUDIO 黃宏穎
內頁設計排版／中原造像股份有限公司　葉欣玫
行銷企劃／鍾曼靈
出版一部總編輯暨總監／王明雪

發行人／王榮文
出版發行／遠流出版事業股份有限公司
104005 台北市中山北路一段 11 號 13 樓
電話／（02）2571-0297　傳真／（02）(02)2571-0197　郵撥／ 0189456-1
著作權顧問／蕭雄淋律師
□ 2017 年 6 月 1 日　初版一刷
□ 2022 年 3 月 20 日　初版四刷

定價／新台幣 280 元（缺頁或破損的書，請寄回更換）

ISBN 978-957-32-8007-1

YL 遠流博識網 http://www.ylib.com E-mail: ylib@ylib.com
遠流粉絲團 https://www.facebook.com/ylibfans

國家圖書館出版品預行編目（CIP）資料

孩子永遠是對的：幫助父母掙脫臍帶勒索，找出孩子的正向價值／李儀婷著. -- 初版. -- 臺北市：遠流, 2017.06
面；　公分

ISBN 978-957-32-8007-1（平裝）
1. 親職教育　2. 親子關係

528.2　　106007469